JN296024

30年後を展望する
中規模大学

マネジメント|学習支援|連携

市川太一

東信堂

はじめに

書名にある「三〇年」という年数にどのような意味があるのかと思われたかもしれない。「三〇年」に、筆者は長期的な展望と計画性をもって大学のマネジメントにあたらなければならないという象徴的な意味を込めている。それぞれの大学にとって、その年数は異なるはずだ。私の勤務している広島修道大学にとっては「三〇年」とは全面的に施設の建て替えを終える年である。

同じ学校法人に設置されている修道中学校・高等学校が校舎を建て替えるとき、その経費の調達に苦労しているのを見て、さて広島修道大学はと振り返り、愕然とした。大学は一九七四年に、当時の校地と校舎を三菱重工広島造船所に四四億円で売却した資金で、現在地に校舎を建てたからである。つまり建て替えの時期が一度に来る。早速、日建設計に老朽度調査を依頼し、それに基づき建て替え計画を作成してもらった。計画は、二〇一〇年に講義棟、二〇年に食堂棟、三〇年に講義棟、三五年に事務局と研究棟を、およそ一〇年単位で順次建て替える案であった。毎年、減価償却を積み立てているが、それだけでは資金は不足する。次年度から毎年、それに必要な経費を積み立てて始めている。しかし、それでも体育館までは資金的に手が回らなかった。

この案を全学教授会で発表したとき、三〇年以上先の話であったせいか、嘲笑ではないか、不思議な空気がそこに漂ったように記憶している。

昨今、規制改革の流れや企業会計基準の変化に伴って、長期的な視点で考える傾向がなくなりつつある。しかし学校法人には永続的に教育研究を提供する責務がある。他方、卒業生にとっても母

大学の規模の分布状況

入学定員	学校数	入学定員（%）	志願者（%）	定員割れ学校数（%）
500 人未満	303 校 (55.1%)	77166 人 (17.5%)	282806 人 (9.6%)	115 校 (51.5%)
500 人以上 3000 人未満	224 (40.7)	238522 (54.2)	1349448 (45.8)	65 (29.0)
3000 人以上	23 (4.2)	124647 (28.3)	1316367 (44.6)	1 (4.3)
総計	550	440335	2948621	222 (40.4)

注）「平成18年度大学短期大学の入学志願動向分析」『月報私学』（2006年11月号） 2ページから作成した。

校がなくなれば有形無形の不利益が生じるだろう。

もう一つ、「中規模」大学という言葉についても説明しておかなければならない。

日本私立大学振興・共催事業団は、二〇〇六年度の大学の入学志願動向を分析したデータを基にして、上表のように、入学定員五〇〇人未満の私立大学を小規模、五〇〇人以上三〇〇〇人未満の大学を中規模、三〇〇〇人以上を大規模大学と区分している（『月報私学』二〇〇六年一一月号）。

在学生数に直すとおおよそ、小規模大学が二〇〇〇人未満、中規模が二〇〇〇人以上から一万二〇〇〇人未満、大規模が一万二〇〇〇人以上となる。大学数では小規模が三〇三大学、比率では過半数を超え、つづく中規模が二二四大学、四〇・七％となっている。大規模大学は二三、わずか四・二％である。つまり数だけで見ると、九五％以上が中小規模大学となる。

ところが志願者数になると、四・二％の大規模大学が五割近くの志願者数を集めている。これに対して数では過半数を超える小規模大学の志願者では一〇％に満たない。

二〇〇六年度の大学の定員割れの状況は全体の四〇・四％に

及ぶ。前年度は二九・五％であった。大規模大学では二三のうちわずか一大学が定員割れなのに対して、小規模では過半数を超え、中規模は三〇％近い（『月報私学』二〇〇六年九月号、一一月号）。規模によって志願者や定員割れの大学数が異なっているように、学生の学力、学習意欲、大学マネジメントの方法や課題なども異なるはずだ。

ついでに、大学の立地に関するデータも付け加えておこう。二〇〇七年二月の前半までのデータでは一万人以上の志願者を集めている私大は四七校あって、全志願者の四分の三を、東京と近畿の私大志願者数は全私大志願者のおよそ四分の三を占めている（豊島継男事務所「二〇〇七年度　一般入試志願状況レポート　第一報」）。

大規模大学、そして東京と近畿圏へ志願者は集中しつつある。

大学の規模と地域について、大学を取り巻く環境が違うことが理解していただけたと思う。筆者は一九九六年度から二〇〇一年度までの六年間、学長を務め、二〇〇二年四月から一教員に戻って教育研究に従事している。「中規模」という限定をつけたのは、筆者が勤務している大学が学生数六〇〇〇人の中規模大学であり、「中規模」の大学が抱える問題を考え、解決し、それが他の大学にも役立つのではないかと考えたからである。

学長から一教員に戻った。六年間のブランクは大きく、教育現場に慣れるのに三年近くかかった。復帰一年目に、私の常識と学生のズレに驚愕させられた。毎年ゼミの合宿をしていたので、夏休みに実施したいと学生に話をした。ある学生がアメリカに行くので、参加できないと言ってきた。やむをえないと判断し認めた。当日朝になって、さらに二名のキャンセルが出た。新学期が始まり、学生たちにゼミの課題の提出を求めたところ、悪びれる風もなく先生は「課題をしなさいと言わなかった、合宿に参加しないのだから出す必要がない」と反論された。当然、キャンセル料も支払われなかった。「ゼミに参加できなくて申し訳ございませんでした」と謝り、課題を提出するのが私の常識であった。学生とのズレは社会的常識にとどまらず、大学教育の根幹に関わる問題にまでも及んでいた。

このズレを契機にして、学生の学ぶ意欲を高めるには何をすればいいのか、どのようにすれば意欲を高めることができるのかが私の関心の中心になった。

「Ⅰ　**学習支援**」にはこのズレを契機として考え、実践した文章を集めた。

教授方法の本を読んだり試したりして、三年目くらいからようやく、参加したり、実習するような講義形態やグループ学習などが学生たちの学習意欲を高める授業方法であることがわかってきた。私の講義を一年生が多く受講していたり、一年生の入門科目を担当しているせいもあって、高校から大学一年次へとつながる接続教育が私の関心のテーマの一つとなった。後に述べる教育ネットワーク中国で高大連携事業を実施して高校の校長や教員と話をする機会があるのも、高大接続への関心を強めている。

入学してまもなく「人が多く、酔ってしまう」ということを言った一年生がいた。高校から大学に慣れるのに時間がかかっている学生が多い。ＡＯ入試などの合格から入学まで半年近くあり、この面でのケアも必要になっている。

大学も一〇年前と比べると学生に提供するサービスが格段に増えているので、そのサービスを学生に伝えるための工夫も求められている。

アルバイトをしている学生も増えているだけではなく、その時間量も増えている。アルバイトが自習時間をなくしている。教室に来て熟睡しているのも夜間深夜のバイトのせいである。日々のバイトに流されることなく、自分の目標を持って生活をしてもらうことも必要である。

学生たちに学習意欲を持ってもらう方法としては、卒業生や上級生に話をしてもらうのも有効である。社会で活躍している先輩の話は、自分たちも努力次第でそういう風になれると考えさせるのに最も効果的な方法である。

学生たちの実態を把握し、それをもとに教授方法や生活のマネジメント、教育サービスの情報提供方法などの改善が求められている。

「II　**大学マネジメント**」には、学長時代の改革と現時点から見た改革の評価について書いた文章を主に集めた。

ここで、あえてマネジメントと使っているのは、経営という言葉が財政とか、施設設備、組織などしか連想させないからである。ドラッカーが使っているマネジメントという言葉の意味をいくつかあげてみよう。

「マネジメントは方向づけを行なう。使命を決める。目標を決める。資源を動員する。」

「体系および実践としてのマネジメントは、人と社会を扱う。……企業において、その目的とは経済活動である。病院においては患者の治療と回復である。大学においては教育と学習と研究である。」

「学習を支援する大学」とか、「大学マネジメントの基本と手法」は、学長時代に書いた文章であるが、一教員の立場に戻って読んでみても、この方向性は今でも正しいと確信している。三年経過した時点で改革の検証を私なりにしたのが、「三〇年後を展望した大学改革」である。

大学の広報誌に月に一度、その後、広報を電子化して月に二度書いていたのが「コミュニケーション」である。大学内の背景がわからないと理解しにくい面があるかもしれないが、その時々の課題や改革の成果や手法などを知るうえでは参考になると考えて収録した。私にとっては愛着のある文章ばかりである。選ぶのもむつかしかったけれども字数のせいもあってすべてを収めるわけにもいかず、年度当初に示す課題とその達成結果、改革の過程がわかる文章、改革の中でも重要と思われる文章を取捨選択した。

学長の任期が終わる少し前に、ジョン・コッター『リーダーシップ論』(ダイヤモンド社、一九九九年)に出会った。この本に書かれている組織カルチャーの変革という視点は重要である。構成員の自主性を引き出し、改革のカルチャーが永続化するにはどのようにすればいいのか。

私の経験で言えば、新学部案の学内公募、各学部学科の教育理念・目標の設定、教育改革研修会や教育プログラムの募集などは教員の自発的参加を高める方策であった。しかし、日常的にこのような視点があったわけではない。通常は、しなければならないことも多く、役職者および管理職の職員を中心にして改革を進めた。大学は、周知のように、教員と職員という仕事の異なった者から構成されている。教授会、理事会や評議員会もあり、組織自体が分散的である。こうした組織特性を考慮に入れ、現場の教職員の意欲を高めていくにはどうすればいいのか、という視点が必要である。形だけの業績主義をめざした「改革」は、学力意欲が低下し、一生懸命にそれへの対応している教職員のやる気をそぐだけである。本書では展開していないが、もっと自発性を生かした組織運営もあるはずだ。

「III　**教育機関連携**」は一九九八年に発足した大学連携組織、「教育ネットワーク中国」（発足時の名称「広島県高等教育機関等連絡協議会」）の活動を紹介しながら、大学間連携にとどまらず、高大連携、さらには小中学校との連携を通じて地域社会の再構築にも貢献できるのではないかという方向を提案している。

連携は競争よりも互酬性や協力を原理としている。高校はすでに一八歳人口百二十万人時代に入っており、自らの存続をかけて懸命である。大学は高校と、高校は中学校と、中学校は小学校と、小学校は保育園・幼稚園との連携を進めている。大学と高校を例に取ると、大学は志願者を確保したい、高校は少しでも難易度の高い大学へ進学させたいという点において、高大連携は相互にとって利益がある。教育機関連携は、それればかりか利益を超えて動機づけや学力の向上、異年齢交流にも貢献しつつある。地域のつながりがなくなっている現在、地方に立地している大学はそれぞれの地域において大きな役割を果たすことができるはずだ。

読んでいただく順序として、IIIIIIのいずれから読んでいただいてもよいと思われる。

本書が大学全入時代を目前にして日々、大学をよくしたいと日夜腐心されている教職員のみなさんに元気を与え、参考になれば幸いである。

目次／30年後を展望する中規模大学――マネジメント・学習支援・連携

30年後を展望する中規模大学——マネジメント・学習支援・連携——

I　学習支援

1 全入時代における高校と大学の接続

1 志願者の動向

(1) 予測できなかった志願者の動向

二〇〇七年。二〇〇九年より二年早く全入時代が到来すると言う。

二〇〇五年度、定員割れの大学は一六〇大学二九・五％、前年度（一五五大学二九・一％）と比べると増えている（「私立大学・私立短期大学の入学試験動向」『私学月報』第九三号、平成一七年九月一日）。大学数も五三三から五四二へと相変わらず増え続ける一方、志願者数は三〇六・七万人から三〇一・五万人へと減少している。短大の入学定員充足率は九九・五六と定員割れをしている。

全入時代が近くなって、志願者の動向は予測とは異なった。

一九九九年、大学の将来計画を立てるときに入試はどうなるか、議論したことがある。

全入になれば、入試は意味をなさなくなり、財政面では受験料は学力検査料（実費）くらいしか徴収できなくなるのではないか。一般入試によって志願者と入学者の確保がむつかしくなれば、推薦入試などによって早めに入学者を確保していくことになるのではないか。

ところが、志願者は一般入試で合格できるのなら、少しでも難易度の高い大学を選ぶ。大学が一般入試の志願者減をＡＯ入試や推薦入試によって補おうとしても、一般入試に入りやすくなると、ＡＯや推薦入試の志願者は集まらなくなる。

ＡＯや推薦入試に志願する合格者の学力にはばらつきがある。指定校推薦の依頼を出しても高校から返事がない場合もある。送ってきたとしても、他の入試では合格しないような生徒を推薦してくる例も見られる。

推薦入試の受験資格（評定平均値）を下げたら、従来来ていた評定が高い層は少なくなってしまう。低い層が増えただけで、今まで来ていた志願者に低い層が加わり増えるというようにはならない。入試は需要と供給の関係で、大学のレベルによって異なるが、高校側が強くなっている。たとえ志願者が減っていない大学であっても、受験する高校の層は毎年変化している。今まで受験していた高校の志願者は減り、難易度の低い下位高校の志願者や入学者が増えている。

もう一つ、予測できなかったことは、意欲が欠如した、学ぶ動機が低い高校生の入学である。なぜか。北城経済同友会代表幹事が述べているように、優秀な層は五％であるとすれば、少子化によって優秀な人口が減っているということができる（北城恪太郎「どの国にも優秀な人は５％いると言われる」『中国新聞』〇四年一〇月一七日）。そして、今までも意欲が欠如した学生はいたが、そのような学生は、一八歳人口が多く大学の入学定員が少なく、大学に入学できなかったことなどが原因として考えられる。

原因の探求はさておき、意欲の欠如した学生は存在している。

志願者数は維持していても、入学者の学力と意欲の低下はどの大学にも見られる状況である。Ｂ

図I-1-1　大学教育のキーワード

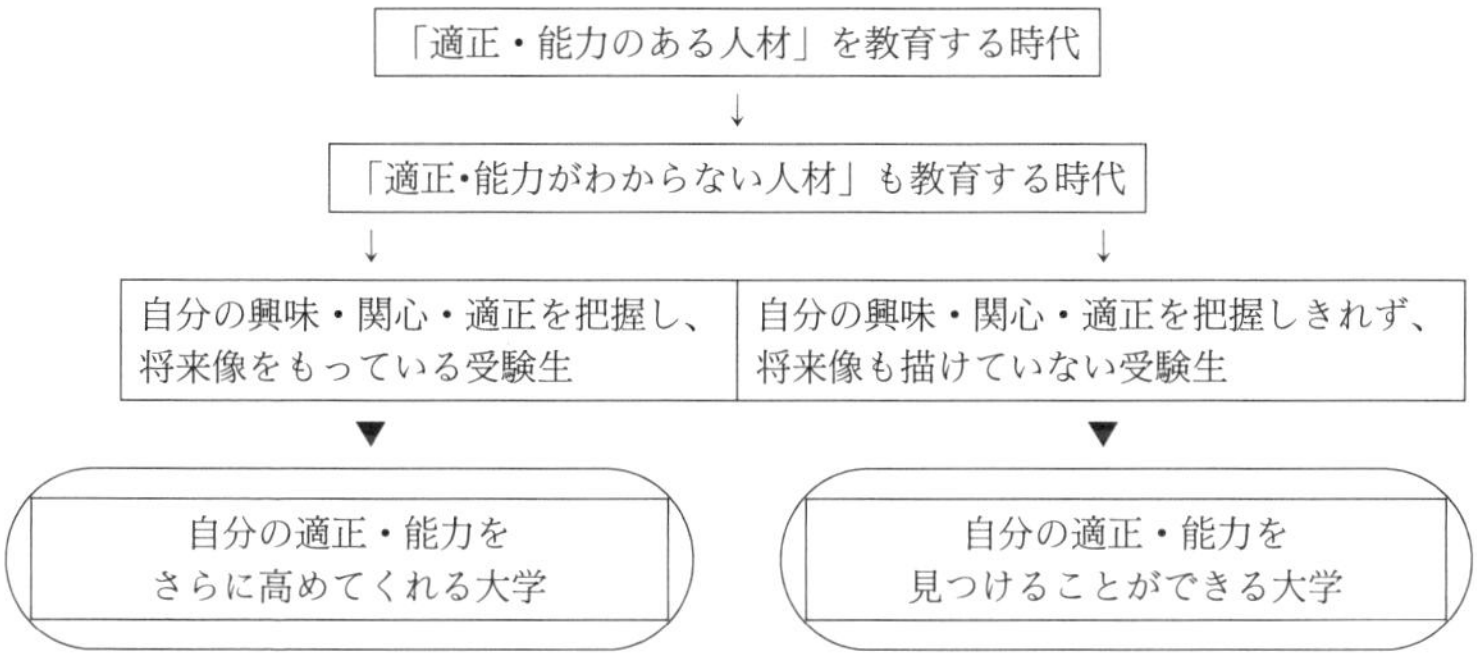
「適正・能力のある人材」を教育する時代
「適正･能力がわからない人材」も教育する時代
自分の興味・関心・適正を把握し、将来像をもっている受験生
自分の興味・関心・適正を把握しきれず、将来像も描けていない受験生
自分の適正・能力をさらに高めてくれる大学
自分の適正・能力を見つけることができる大学

注）　足立寛「学生募集戦略の方向性を探る『マーケットの把握と高大連携に活路』」『Between』 2002.1.2(No.181)8ページ。

Fをつけられた大学からすれば、それでも入学定員を充足できる大学はまだいいということになるのだろう。

『Between』の足立寛編集長（当時）が図I-1-1にまとめているように、難易度の低い大学ほど「自分の興味・関心、適性を把握しきれず、将来像も描けていない受験生」を対象としなければならない（足立寛「学生募集戦略の方向性を探る『マーケットの把握と高大連携に活路』」『Between』2002. 1. 2 No. 181、七頁）。

(2)　志願者確保の工夫と実態に合った教育の仕組み

入試制度に着目したとき、競争的な大学、全入大学、この中間に位置するボーダー大学に分類できる（詳しくは本書のII 3 一〇四頁以下を参照）。選抜を目的とした大学入試は競争的大学では実施できる。大学で学ぶに必要な知識を問う従来型の入試である。中間に位置するボーダー大学では、少しでも受験生の学力を評価しようと多様な得意科目重視型の入試を実施している。代々木ゼミナールの難易度で言うと、五〇前後の大学がこれにあたる。

表Ⅰ-1-1　高校から大学へ

<table>
<tr><td colspan="3">高校</td><td>大学</td></tr>
<tr><td rowspan="2">模擬講義
オープンキャンパス</td><td>推薦入試</td><td rowspan="2">一般入試
1月～3月</td><td rowspan="2">オリエンテーション
4月</td></tr>
<tr><td>ＡＯ入試</td></tr>
<tr><td colspan="2">高大連携公開授業　4月～2月
高大連携公開講座</td><td>入学準備学習
12月～3月</td><td>1年次教育
4月～7月</td></tr>
<tr><td colspan="4">高校と大学の連携・接続</td></tr>
</table>

ボーダー大学では三科目を受験して配点を自分で選択したり、三科目を受験して二科目高得点を取ったりできる方式、大学入試センター一科目と二科目入試を組み合わせる方式などを取り入れている。

三科目をできるだけ維持したいけれども、三科目入試では志願者の減少を食い止めることができない。志願者の得意科目を生かして、志願者を何とか維持したいという意図がある。

競争的大学がオーソドックスな三科目入試を実施しているのと対照的である。

ボーダー大学や全入大学では、志願者のよいところがあればどこでも評価する方式を取らざるを得ない。評価できる点があるなら、教育すれば少しでも勉強してくれるのではないかという期待である。

このような状況の中で高大連携事業は進学意欲を高める役割を果たしている。

入学準備学習では、環境が変わり、おもしろそうだと高校生が感じて、もう一度、挑戦しようという意欲を起こさせるようにする。高校から大学への円滑な移行を目的とするオリエンテーションは、今までのように一日か二日間で大学へのオリエンテーションを行うのではない。

ここでは、学習意欲の低い学生を前提にして、意欲を高め、大学で学

表I-1-2　高大連携講座をどう役立てているのか

	公開授業	公開講座
進路の選択に役立つ	77.3%(62名)	73.9%(170名)
高校での授業の理解に役立つ	78.6 (66)	78.2(172)
講義内容を理解できたか	73.8(62)	85(187)

注1)　比率は上位の2つ「大いに役立つ」と「多少役立つ」、「理解できた」「ほぼ理解できた」の合計であり、親しみについては「わいた」「わかなかった」の二者択一の選択肢である。
2)　アンケートの実施年は、公開授業は2004年7月、公開講座は2005年8月である。
アンケートは、回答者数は公開授業が84名、回収率は80.7%、公開講座が220名、84.3%であった。

習をしていこうとするにはどうすればいいのか、高校から入学へとどのように橋をかけていけばいいのか、考えていく(表I-1-1参照)。

2　高大連携講義

一九九九年一二月、中央教育審議会は「初等中等教育と高等教育との接続の改善について」を提言した。この答申は、高等教育を受ける能力を持った高校生には大学の教育を受ける機会を増やしたり、大学が求める学生像や教育内容などを周知したり、高校と大学の相互理解の促進など、全部で五つの連携方策があげられていた。

広島県高等教育機関協議会(現在は教育ネットワーク中国)では、この答申を受け、二〇〇二年度から、広島県下全域で高大連携事業を開始した。大学の正規の講義(公開授業)と高校生のための講義(公開講座)の二種類を設けた。

加盟校のうち一八大学が一一六科目を提供し、初年度は、総計三一〇名が参加し二〇〇四年度には四七一名まで増えた。正規の授業の受講者数は二年目と三年目は変化がないのに対して、公開講座は一九〇名から二九八名へと大幅に増えている(詳しくは表III2-2を参照)。

表Ⅰ-1-3　受講した理由は

	公開授業	公開講座
講義を受けた大学への進学	36.9(31)	24.5(54)
知的・学問的興味から	21.4(18名)	27.8(61名)
講義科目名がおもしろそう	22.6(19)	20.0(44)
受講した講義に関連した学部への進学	14.3(12)	18.6(41)

注）アンケートの実施年は、公開授業は2004年7月、公開講座は2005年8月である。

高校生は高大連携事業をどのように受けとめているのか。表Ⅰ-1-2のように、講座が進路の選択に役立ち、高校での授業の理解に役立つと答えている受講生が七〇%から八〇%までの間でいる。受講した理由も、公開授業では受講した大学への進学が三六%、公開講座は「知的・学問的興味から」と回答した受講生がもっとも多い（表Ⅰ-1-3参照）。

事業の初年度二〇〇二年度のアンケートでは、「講義を受けた大学への進学」は二五%であったのに対して、二〇〇三年度以降は三六%になっており、受講生の行動の変化が伺われる。

これらの数字は、大学側が自大学への進学を意識していることは言うまでもないが、受講した大学への進学を意識した受講生が多くなったのは予想外の結果である。

もう一つ、高大連携事業が進学意欲を高めるために利用されたことである。二〇〇五年度、初めて九九名の高校生を大学へ送ったある県立高校は、大学・短大への進学希望者が一年次では一四%であったが、大学などでの授業を受けて二三%に増えて、高大連携事業の効果を高く評価している。

公開授業は、長期にわたって受講生の学習態度や学力などを観察できるので、推薦入試の一つになる可能性がある。二〇〇四年度の調査では、一九名（一三一名のうち）、一四・五%の受講生が受講した大学に進学してい

表Ⅰ-1-4　大学への進学

	公開授業	公開講座
修了証の発行数	44名	87名
入学者数	9 名	10名

注）修了証は2/3以上の講座に出席した受講生に出している。

る（表Ⅰ-1-4参照）。

3　入学準備学習への取り組み

一〇月はじめから、大学へのAO、推薦、指定校入試などによって大学への合格が決まっていく。入学まで半年近くの期間があることになる。推薦入試に加え、AO入試が導入されるようになり、大学への進学が早く決まる高校生が増えている。

高校によっては、まだ進学先が決まっていない生徒の受験勉強の邪魔になるということから、公募やAO入試を受験させない。

二〇〇五年度、私の所属する学科で準備学習に出席した生徒のアンケートを見ると、生徒の半数がアルバイトをし、その時間数は週二〇時間くらいになっている。

AOや推薦入試などによって合格し、入学までの期間、アルバイトをし、入学後もそのまま習慣を持ち込んで、結局、退学してしまっている例も見られる。アルバイトの時間数は、生徒のアルバイト実態を明らかにしている。自覚的にアルバイトをすることが必要である。

早く決まって入学までの間、何をしていいかわからないので不安であるという合格者もいる。

大学によっては合格者を入学までつなぎとめる必要性もあるかもしれない。理由のいかんを問わず、早期合格者は増えているのだから、大学としてもこれらの合格者への対応を考えなければならない。

立命館大学はインターネットを使った入学前学習講座（WBT）を開講している。桃山学院大学は「AO入試における各学部（学科）『特典（勉学奨励制度）』」として通学講座（英語・コンピュータ）と通信講座（英語・日本語文章力・法学・簿記）を置き、このいずれかを本人の希望によって受講させている。通学講座は一回三時間、九回、総時間数二七時間という多さである。来てほしい学生像を明らかにして募集している建前からも「総合的なアドミッションプログラム」（成蹊大学）が必要とされる（各大学のHPを参照、二〇〇五年二月二七日）。

準備学習の必要性は感じていても、一一月以降は入試や新年度の準備、学期末試験の採点などで多忙であって、体系的に実施するのはなかなかむつかしい。

大学としては上記のような理由に加え、AO、推薦、指定校推薦入試合格者の学力にバラツキがあり、学力の不足を補うという面も否定できない。

私の学科では二〇〇四年度から通学準備学習を始め、二〇〇五年度は回数を二回にした。学習習慣の維持、基礎学力の補充、新鮮な気持ちで大学生活を初めて欲しいという趣旨からである。第一回のキャンパス学習（一二月）は、**表I-1-5**のように、グループ学習や課題の説明を中心にしている。図書館を探検してもらい、希望する生徒には図書館の利用のためのカードをつくる。

表I-1-5　キャンパス学習

第1回（12月）
オリエンテーション
1. 英語は音声から入る（50分）
2. 図書館の利用について（50分）
3. クイズ「世界の国々2005」の課題の説明（20分）
4. 本の読み方、レポートの書き方、課題について（90分）
第2回（3月）
1. やっぱり単語力（60分）
2. クイズ「世界の国々2005」（90分）

表I-1-6　課題一覧

1. 英語：指定された本を読んで自習し2回目の準備学習時に試験を実施
2.「世界の国々2005」（クイズ100問を回答し、郵送）
3. 本を読む（指定された図書をキャンパス学習までに読んでくる）
4. 読書レポートの提出（薦める本のリストから1冊読む、添削して返送）
5. 英語の自習課題

一月には読書レポート、二月には世界地理の基礎的な知識に関する五択のクイズの答えを大学へ郵送する（表I-1-6参照）。三月には英語の自習課題の試験とクイズをチーム対抗形式で学ぶ。

四〇名を超える生徒がいると、期日通りにしてこない者や返信用の封筒を入れ忘れたりする者もいる。教職員はその都度対応をさせられるのだが、高校生の実態を知る機会でもある。

あらかじめ新書を読んで、重要と思う箇所に線を引いてこさせてくる課題を出した。キャンパス学習では、グループに分かれてどこに線を引いたか意見交換をさせ、重要と思う箇所を一つの章で三つ選ばせる作業について、参加者は次のような感想を書いている。

「大学の講義は高校までの方法とは全く違っていた。今までの勉強というスタイルが崩れ、新しいスタイルに触れた気がしました。先生の書く文字をノートに写すのが勉強じゃないと実感しました。」

「グループで本のことを話し合い、みんなで発表しあったことはみんなそれぞれ考え方、読み方が違うなと思いました。」

「同じ箇所に線を引いていても全く違う捉え方があるので、次から積極的に他の人の意見を聞いて考えを豊かにしたい。」

　英語の講義を受けて、実際にやってみようという気になってもらった。

「今までの英語学習は口から発するということが本当になかったと思い、これから音読して体で英語を学ぼうと思います。」

「英語の音読の話を聞いてぜひそういうやり方をしてみようと思った。」

　友だちができてよかったという感想が多く、大学への親しみや高校とは違う授業方法も実感してもらえた。

「初対面の人とも交流を図ることができとてもよかった。」

「窓から見える紅葉がキレイでここの大学を選んで、入れてよかったなーと心から思いました。」

「大学の空気を感じた。」

　キャンパス学習二回目の終了後のアンケートで、準備学習の評価を聞いた。一名を除き、「受講してよかった」と「大変よかった」と全員が回答していた。理由としては、「友だちができた」が

表I-1-7 キャンパス学習の受講生の評価

	課題の量		キャンパス学習の回数	
多かった	4 名	11.1%	5 名	13.9%
適当である	30	83.3	28	77.8
少なかった	2	5.6	3	8.3

二二・二%、「大学にいち早く慣れることができた」と「入学後の不安が減った」の二つの項目をあわせると一四%。参加者の印象からすれば、準備学習は、勉強をするというよりは学生の不安感を和らげる効果の方が大きいようだ。学生アシスタントも、「入学して学生がまず気になるのは友達作りです。早くから入学が決まった人は、そういったことが早いうちから不安になります。ですから今回の授業を受けて、入学するのがとても楽しみになったと思います。あの子たちを見て、ちょっとうらやましかったりもしました」と感想を書いてくれた。

上記の程度の課題であれば、受講生にも、表I-1-7のように負担になっていない。キャンパス学習の回数も適当と言えるようだ。

幸い学科の教員も準備学習の必要性を理解し、実施に協力的である。

4 オリエンテーション・セミナーの改革

入学式の終わった翌日、一泊二口のオリエンテーション・セミノーを一〇年以上実施していた。大学とは雰囲気が変わって意義がないわけではないが、教員が缶詰になってする意義があるのか、数年議論をしていたが、キャンパス外でのオリセミをやめることにした。何時間も、時には畳に座らせて話を聞かせても、効果があがらないというのが廃止の理由である。

一年生全員を対象にした入門科目の講義を三年くらい担当していて、毎年、変化を感じる。入学して一週間くらい経った頃、一年生はどのようなことを不安に思っているのだろうか。


「キャンパスが広いので教室がなかなか覚えられないし、掲示板からどの情報が自分に必要なのか見つけ出すことがまだできないので不安です。」

「ちゃんと時間割が組めるか不安です。」

「九〇分間集中力を保ち、眠気を抑えるにはどうすればいいいか。」

「毎日の通学時間が長くて疲れる。」

「学校で人に酔う。」

「講義が人によって違うので、友だちと行動することが本当に少ない。仲を深めにくいのが悩み。」

「一人暮らしでする上での体調管理及び身の回りのこと。」


早く大学に慣れるのが前期の目標であると書いている意見が多かった。

現在、一週間近くオリエンテーションの期間を設けている。実施している各部局に内容を聞いてみると、入学してすぐに聞かせなくてもよいのではないか、また最近の一年生の実態に合っていないのではないかという内容も多かった。そもそも五〇分授業を受けていた学生にいきなり、一日に九〇分の授業を三コマも受けさせたところで、頭に入るはずがない。履修登録、施設の位置、友人（大学内のセミナーハウスに宿泊）をキーワードにオリエンテーションを組みなおした。その他どうしてもしなければならない諸手続き、英語のクラスわけのテスト、自己発見レポート、健康診断にプログラム内容を限り、座学は一日最大限二コマにすることにした。

一〇年いや二〇年前と変らぬ内容のオリエンテーションをしているだから、今の一年生の実態とはずれている。もっとオリエンテーション期間を短縮して講義に入ってよいように思うが、学年暦は大学全体のことなのでそうもいかない部分もある。

5　入試制度の点検と入学者に対応した教育

入試は競争的大学を除けば、その目的を変えざるを得ない状況にある。ボーダー大学にとっては志願者、全入大学には入学者の確保が最大の課題になっている。

入試は大学で学ぶのにふさわしい学力や知識を確認するというのが本来の目的であった。しかし、背に腹を変えられず、入学してくる学生を教育していくという側面が大きくなっている。

アドミッションポリシーを明確化し、それに基づいた入試というのも理想であるが、現実はなかなかむつかしい。

二つ要点をあげて置く。

(1) 多様化した入試制度の機能の点検

一般入試、推薦入試やAO入試、指定校入試など、さまざまなタイプの入試がどのように機能しているのか、絶えず問題点を点検して改善していかなければならない。その際に、入試と成績の相関関係だけではなく、学習意欲や学習態度などとの関係も幅広くみていく必要がある。

多様な入試制度を設け、時期を変えて何回も行い、定員を少しずつ埋めていくしかないのだろう。一つの入試制度によって、大きく間違わないということもある。

(2) 入学者に対応した教育内容と仕組みの構築

大学が学生の学費に依存している以上、入学してくる学生の実態に合わせて教育をしていかざるをえない。準備学習は学力・意欲を欠いた学生への対応のために生まれている。高大連携の位置づけについては、競争的大学とボーダー、全入大学では異なる。しかし、レベルに応じて、大学と高校の連携は可能である。

入試だけではなく、入学者の質の変化に対応するためにも高校と大学の接触・連携はますます必要になってきている。

大学内では、高校や高校生との接触の多い職員と教育を担当する教員との協力がますます欠かせなくなってきている。高校現場や入試相談会などで得た情報を教職員が相互に共有できる体制も必要である。

（なお、二〇〇六年度入学予定者からは入学準備学習も各学科単位のプログラムに全学共通のプログラムが加わり、キャンパス学習の回数も三回に増えた。二〇〇七年度入試に向けて、全学的にもオープンキャンパスのプログラムを体系化し、国際政治学科ではＡＯや推薦入試の志願者を対象にしたプログラムを実施した。）

2 一年次教育 ――学習計画と教育・学生支援プログラム

1 一年次教育の必要性

全入時代をまじかに控え、各大学は改革を進めつつある。ここ数年では、国立大学の法人化や法科大学院の設置などがもっとも大きな制度的な変革であった。そして大学も依然として新設され、学部学科の改組も行われている。しかし、急がれるべきはこれらの制度的な改革ばかりではない。それ以上に、学力や意欲を欠いた入学者を、大学教育を受けることのできる学生へとどのようにすれば変えて行けるのか、その講義内容や授業方法の改善が重要なテーマとなっている。

筆者が教鞭をとっている法学部国際政治学科では、カリキュラムの改正（二〇〇二年度）に合わせて、一年生全員を対象にした「国際政治入門」を置いた。本来は科目名の通り、国際政治を学ぶ上で必要な基礎的な知識の修得を目的としていたが、初年度、教員の研究紹介を中心に講義をした。残念ながら、教員の研究の話ばかりでは一年生の関心をひくことができなかった。それ以降毎年、講義のアンケートをとって学生の希望を取り入れながら、内容を充実させてきた（表I-2-1）。

二〇〇五年度から学外で実施していた詰め込み型のオリエンテーションを廃止し、学内のセミナーハウスにおいてオリエンテーションを実施した。「キャンパス内の施設を知る、友人を作る、最低限の手続きと各事務局のオリエンテーション」を、新しいオリエンテーションのキーコンセプトとした。それに対応して、上記の入門科目に、従来のオリエンテーション・セミナーの内容と大学生活をする上で必要な情報を提供する講義内容を加えた。

2　一年次教育―大学入門の概要

学生は幼くなっているのに、一〇年前頃と比べると、企業が学生に要求する事項は増えている。パートが経済の仕組みの中に組み込まれた社会状況を反映し、アルバイト漬けになっている学生も多く見受けられる。一年生も例外ではない。ＡＯ入試や推薦入試で早期に入学が決まっているからである。これらの制度によって入学してくる学生も一年生の半数前後になり、全入時代を目前に控えた状況を考慮すると、勉強方法などにとどまらず、学生生活全般をカバーした講義内容が必要になっている。キャンパスオリエンテーション、大学生活への適応、社会生活・人間関係のスキルの向上、生活のコントロール、学習目標の設定、進路設計などについて講義をする必要性が生まれている（例えば、山田礼子「わが国の導入教育の展開と同志社大学での実践」溝上慎一編『学生の学びを支援する大学教育』東信堂、二〇〇四年）。

この入門科目の柱となっているのは何だろうか。

まず、第一の柱は、自分の生活の現状を把握し、目標を持って生活を送るように自分で考える方法を学ぶことである。一週間の時間を記述し分析し、自分の生活実態を把握し、バランスの取れた

表Ⅰ-2-1　大学入門の講義タイトル

1．大学生活と大学時代の目標
2．学習計画と大学活用法
3．勉強の道具と技術
4．友人はどのような本を読んできたのか
5．マナーと身だしなみ
6．心と体の健康
7．留学体験談と国際交流プログラム（上級生が語るⅠ）
8．進路を考える（上級生が語るⅡ）
9-13．私の講義と情報整理法（専任教員）
14．講義を振り返って（アンケート、レポートなどの提出）

生活をするように自分で考えてもらう（この点については、本書のⅠ3「大学にも自己啓発のプログラムを」参照）。そのためには健康の保持も必要なので、心と体の健康に関する講義も入れている。

第二の柱は、どのように四年間を過ごし、八つのセメスターを組み立てるかについて自分で考えることである。実質二年半くらいの間に留学したり、資格を取ったり、インターンシップに行ったりするには計画性が必要である。交換留学試験を受けるにはTOEFLの点数がいる、インターンシップも必要だと気づいた時には申し込みが過ぎていたといったことがよくある。

第三の柱は、各種の制度の利用法である。給付型奨学金、インターンシップ、資格取得講座、表彰制度、大学院への飛び級制度などの説明も欠かせない。

第四の柱は、講義科目と担当教員の紹介である。一年生は教員の研究内容よりもどのような講義があるのか、どこの国に行ったことがあるのかなどの方に関心がある。

第五の柱は、社会性の育成である。大学の中でできることは限られているとはいえ、社会生活を送る上で必要なマナーやルールも講義の中に入れた。

表I-2-2　大学入門の評価

講義の目的を達成できた	89%
講義やゼミの履修の参考になる	92
上級生による講義は大学生活を送る参考になる	94
留学生による講義は大学生活を送る参考になる	85

注1）2004年度に国際政治入門を受講した82名の学生へのアンケート。
2）「十分なった」と「まあまあなった」の2つをあわせた比率。

最後に、意欲を高めることも主眼にしている。そのために表I-2-1に示したように、留学したり、就職に内定した上級生の話しを聞かせている。社会的な地位が確立した五〇代、六〇代の先輩よりも、表I-2-2のアンケート（二〇〇四年度に国際政治入門を受講した八二名の学生へのアンケート）に示したように、年齢の近い上級生の講義の評価が高い。遠い目標よりも近くの目標である。憧れモデルを提示して、近づくように努力しようという気持ちを起こさせようというのである。

本を読むということも重要な情報獲得の手段である。自分の読んだ本のリストを作り、相互にインタビューしあうことによって、読書をしようという意欲を起こさせるという仕掛けもこの講義の中には含まれている。

ここでは第二、第三の柱を取り上げて、その内容について説明してみよう。

3　教育・学生支援プログラム

第二、第三の柱を入門科目の内容とすべきであると筆者が考えるようになったのは、学生との接触を通じてである。過去一、二年に経験した会話を再現してみよう。

①チューターだった学生との会話

「休学して一年間、英語を勉強しにニュージーランドへ行きたい」と言う。二年生と研究室で話をしていた時のことである。

(教員)：「休学しなくても、本学には四年間の在籍期間の中に入れることができる海外セミナーのプログラムがあるし、奨学金も出るよ。」

(学生)：「就職活動があるので、一年休学して行くしかないのではないですか。」

(教員)：「まず半年行って、英語力の伸び具合を見て決めたらどう。」「四年で終わらないと、就職して給与をもらうのと学費の支払いの両方があるから、大学のプログラムで行った方が絶対いいよ。」

②見知らぬ学生との会話

食堂で食事をしていたら、「先生、成績優秀の表彰をされたいのですが、どうすれば表彰されるのですか」という質問があった。概要を話して、「教務部に行って聞きなさい」と話した。

③顧問をしている吹奏楽団の学生との会話

(学生)：「楽器の数が足らないし、古くなってしまったのですが……。」

(教員)：「以前も補助してもらったこともあるが、二〇万円以上なら補助制度があるので申し込んだらどう。」

大学が提供している教育・学生支援プログラムについて、学生が知らなかったり、理解していないのはなぜだろうか。

表I-2-3　大学4年間

1年		2年		3年		4年	
1S	2S	3S	4S	5S	6S	7S	8S
大学生活に慣れる			インターンシップ		インターンシップ		卒論
	海セ		交換留学		就職準備・活動		

注）Sはセメスター、海セは海外セミナーの略。

まず、大学が提供しているプログラムの多様化である。**表I-2-4**（四四—四五ページ）にあげたプログラムの中で、一〇年前にあったのは奨学金と国際交流プログラムくらいである。残りはすべて新規に始めている。

これに拍車をかけているのが、学生の理解力の低下である。大学から渡された資料を読んで調べたりしないということである。

これらのプログラムやサービスについて知っているかどうかによって、学生が享受できる利益が異なってくる。表彰という名誉だけではなく、経済的なメリットも大きい。

(1)　学習計画と教育プログラム

今の大学生は忙しい。最大の原因は就職活動の早期化である。二年になった一二月頃から就職活動を始めるとすれば、よほど計画的に過ごさないと各種のプログラムに参加できない。

アメリカへの交換留学に八月から出かけ、翌年の六月くらいに帰ってくるとすれば、三年次から行ったのでは帰国は四年次の六月になってしまう。もう平均的な就職戦線は終わってしまっている。だとすれば、**表I-2-3**のように、二年から三年にかけて行くしかない。最近では、交換留学に行く学生は四年間で卒業できないケースも多い。

交換留学の条件としてはTOEFL四八〇点から五五〇点以上必要である。試験は東京なら毎月受験できるが、広島では八、一〇、一一、三、五月の年五回である。

短期のプログラムであっても締切日があり、事前に講義（英語コミュニケーションⅠ・Ⅱ）を履修しなければならない。

インターンシップに参加するとすれば二年と三年である。インターンシップの事前教育は前期の講義期間中に実施して、研修自体は夏休みに行われている。三年の秋、いよいよ就職を真剣に考えなければならない時期になってインターンシップに行こうと思っても、もう間に合わない。いつ留学するのか、インターンシップにはいつ行くのか、計画をしておく必要がある。

大学院への飛び級や五年プログラムも計画性を要する。

現在、就職活動の早期化に伴い、実質的に三年も自由に使える時間がない。一定の基準を満たしていて、もう少し勉強したい、公務員試験を受けたいなどの目的を持っている学生には、大学院への飛び級を薦めている。

二〇〇五年度からは学部四年生で基準を満たしている学生は大学院の講義を受講でき、大学院入学後、その単位は認定され、五年で終了できる五年プログラムも用意している。

大学院も視野に入れて、自分の将来の進路を考えることができる。

ここで取り上げたのは教育プログラムであるが、次に紹介するのは学生支援プログラムである。

(2) 学生支援プログラム

成績による表彰や各種のスカラシップは、もっとも古い時期に制定された学長賞が九七年、その他の制度はいずれもその後に制定されたものである。根底にあるのは、意欲や学力が低下する時代にあって、表彰や奨学金の給付によって学業や諸活動を活発にし、意欲を高め、他の学生にも刺激を与えようという考え方である。

学長賞は、「学生または学生が組織する団体が学術・芸術・社会・体育・文化活動などの分野において他の模範となる成績を修めまたは貢献し、それが大学の栄誉となるものを顕彰する」制度である。学長賞とそれに準じる学長奨励賞の二種類がある。学長賞受賞者には個人一〇万円、団体三〇万円が本人の申請によって給付される（課外活動スカラシップ）。各学部はそれぞれの基準にしたがって、学部長賞・学科賞を設けている。

二〇〇一年度から二つのスカラシップ制度（成績優秀奨学生）を始めた。金額の変更をして現在、一年生三〇名（一名につき一〇〇万円）に給付している。これは入試の成績による支給であるから、入学後には応募できない。

「社会に貢献できる人材を育成する」ために、在学生スカラシップ（成績優秀奨学生）制度を設けている。全学で一五三名（各学年五一名）、年額二五万円を給付している。選考方法は各学部によって少しずつ異なる。

国際交流スカラシップ制度は、「国際社会に貢献できる人材を積極的に育成する」ために三ヵ月九万円、六ヵ月一八万円、一年三六万円、交換学生には二〇万円を支給する。短期の研修には支給していない。

すでに述べたように、大学のプログラムを利用するかどうかを決める際に、この制度を知っているると知っていないとでは大きな差になってくる。たとえ奨学金を受給できる資格があったとしても、この制度を知らなければ奨学金は受給できない。

これらの奨学金は自動的に大学が受給者を決定する。

以下の制度は、本人または教職員が申請または推薦する。スカラシップは本人が申請をしないと受給できない。

国家資格などの取得者を表彰する資格取得学生表彰制度がある。最優秀、優秀、努力の三種類がある。最優秀・優秀賞の受賞者には本人の申請によって五万円の奨学金を給付する（資格取得スカラシップ）。

課外活動支援のために遠征費、用具の購入、臨時の指導者招請のために補助制度を設けている。

大学で実施することで市価よりは安く受講できるキャリア支援講座がある。PC情報系、語学系、公務・法務系、ライセンス系、キャリア養成系とあり、総計一〇三講座を提供している。難易度の高い国家資格などの取得者には奨学金が出る。

有為な人材育成のために必要と思われる表彰制度とスカラシップ制度は、国際交流を除き対応している。

4　一年次教育の目的

今日、大学は正課以外に多くのプログラムを提供している。グローバル化や長期の不況に伴う企業の効率化・スリム化、政府の構造改革、少子化などの社会の変化に対応して、大学も教育・学生支援プログラムを積極的に提供するようになっている。しかし、学生自身が大学四年間の過ごし方を考え、プログラムを把握できるような情報提供の体制が十分に整っているとは言いがたい。

もう一度要点をまとめておこう。

まず、利益を享受する学生がプログラムを理解しやすいのか。そのためには、学生には各種のサービスが統合的に提示されていなければならない。例えば、プログフムやサービスを**表I-2-4**のように一枚の表にまとめて、詳細は各種の印刷物を参照できるようにすべきである。

そのためには、関連部局が連携するか、これらの機能を統合する部局がいる。部局間の連携は、大学の組織がもっとも不得意とすることである。

次に、四年間の学習計画を学生自身が立てることも重要なテーマになっている。一年次教育の内容にも加えられるべきである。その際には、上級生が八セメスターをどのように過ごしたのか、国際交流プログラム、インターンシップなどに参加した学生、資格を取得した学生をモデルとして取り上げるとわかりやすいだろう。

もちろん、伝えなければならない情報は何か、書かれている場所は適切か、といった観点もいるのも言うまでもない。

変化した制度を、変化した新入生にわかりやすく伝える努力が求められる。

表I-2-4　主なプログラムの概要（二〇〇六年度）

プログラムなど	内容・奨学金額など	印刷物	担当部局
表彰制度 学長賞・学長奨励賞 学部長賞・学科賞 入学試験スカラシップ 在学生スカラシップ（成績優秀奨学生）	 他の模範となる成績・貢献をした者 成績優秀者（各学部の基準による） 入学試験優秀者・100万円30名 成績優秀者・25万円153名	『Campus Life—学生生活の手引き』	学生部 入学センター
課外活動 遠征費援助金 用具の購入援助金 指導者（臨時）の招聘 課外活動スカラシップ	 上限30万円 20万円～100万円 10万円～20万円 個人10万円、団体30万円		
キャリア支援 キャリア支援講座 資格取得表彰 資格取得スカラシップ	 パソコン系、公務法務系、キャリア養成系、ライセンス系、語学系の講座 市価よりは安い受講料で受講できる 最優・優秀・努力賞 優秀者に5万円	『キャリア支援講座ガイド』 『講義要項』	キャリアセンター
国際交流プログラム 交換留学 海外セミナー 国際交流スカラシップ	 8大学 9大学 単位認定、留学期間は在籍期間に算入 9万円～36万円の奨学金	『海外留学の手引き』 『講義要項』	国際交流センター

注）法務研究科、募集時期、応募資格などについては省略した。

インターンシップ 本学のインターンシップ	42の企業、自治体・組織で実習し、2単位を付与	『修大インターンシップ』 『インターンシップ報告書』	教務部
海外インターンシップ	中国の5大学・企業で実習し2単位を付与	『海外インターンシップ報告書』	
中国地域インターンシップ	左記の組織が提供するプログラム、2単位を付与	『講義要項』	
単位互換	教育ネットワーク中国の提供する科目・年間8単位、最大16単位を取得できる	『講義要項』	
検定・能力試験の単位認定	一定の検定能力試験に合格すると、30単位を上限として単位認定		
人間環境学コース	夜間に開講される人間環境学講座を30単位履修すると修了証を付与		
教職課外講座	基礎、直前対策講座の2種類	『資格課程ガイドブック』	
大学院飛び級	基準を満たした学生は3年で大学院へ進学できる		
学部・大学院5年プログラム	基準を満たした学生は4年で大学院の講義を受け、大学院入学後はその単位が認定される		
セミナーハウス	演習、課外活動などで使用		総務課
奨学金 日本学生支援機構奨学金 学習奨学金 同窓会奨学金（給付）	無利子と有利子の2種類 月額39000円120名（貸与） 20万円5名	『Campus Life—学生生活の手引き』	学生部

3　大学にも自己啓発のプログラムを

1　変化した学生

東京大学の駒場キャンパス図書館の玄関をふさぐように自転車が止められていた。ある教員が自転車を建物のわきに移していると、学生は空いたスペースに自転車を置く。教員がどけなさいと注意すると、「なぜですか」「出入りの邪魔になるだろう」「いやです」という押し問答をしたという記事が『日本経済新聞』に出ていたのは一九九九年のことである（「大学はどこへ」一九九九年五月二日）。二〇〇三年には『アエラ』（一二月二三日）に「大学生は小学生なのか」という記事が載っていた。「この数年、すごく大きな話し声や笑い声が、一日中ひっきりなしに聞こえるようになった。ごみも平気で投げ捨てる。」駒沢大学は住宅街に配慮し、大学周辺五カ所に警備員を配置し、正門以外の三つの門を閉鎖したと書かれていた。このような風景はどのレベルの大学でも珍しくなくなっている。

私も六年ぶりに講義をして経験したのは、今まで言わなくても暗黙のうちにあった前提が学生と共有できていないことであった。

『歴史のおわり』を書いたフランシス・フクヤマは『大崩壊─人間の本質と社会秩序の再構築

（上・下）』（早川書房、二〇〇〇年）という本の中で、「二〇世紀半ばの工業化時代において当たり前とされていた社会的価値観が『大崩壊』した」と述べている。先進国では地域社会の絆が弱くなり、結婚と出生の率が減り、離婚率が高くなり、婚外子が増えた。犯罪も増えている。誠実さとか、互恵性、協力といった徳は影を潜め、身勝手な行動がはびこっている。フクヤマは、社会的価値観の崩壊は工業化から情報化の時代の過渡期に起きていると結論を下している。

フクヤマの本を読んでいると、学生の社会的価値観が変わっているという現象は日本固有の問題はあるにしても、先進国共通の問題として捉えた方が適当なのかもしれない。

身勝手な考えや行動をする学生が増えつつある状況に対して、大学は何をすればいいのだろうか。他者との関係で自分を考えたり、自分をコントロールしたりすることを具体的に教えていく必要があるのではないか。努力すれば自分たちもなれる「憧れモデル」、つまり在学生や社会で活躍している卒業生たちの話を聞かせることが必要ではないか。アルバイトが学生たちの時間を大きく占めている現状を考えると、アルバイトをどう生かしていくのかといった視点も必要となる。

この小論では、学生の生活実態を前提としながら、学生たちに具体的に話して、作業をしてもらうことが大切なので、実際に展開している講義を中心にして、その要領も書いた。

2　他者との関係で自分を考える

私は一年生全員を対象にした学科の入門科目において、四月にI、II、IIIの課題、七月にはIVの課題を提出してもらい、七月中旬の講義の終了時にはどの程度目標を達成できたか、振り返ってもらっている。これらの作業は学習目標を立てたり、将来の進路、自分の人生を考えたりする時にも役立つ。

以下に書いていることは、コヴィーが『7つの習慣』において展開している方法の中からこの講義の目的を達成するのに有益な部分を取り出してみた。

I　ミッション・ステートメント（課題I）

個人の憲法や信条を書く。自分はどうなりたいか、何をしたいのか、そして自分の行動の基礎となる価値観や原則を明らかにする。

弔辞を書くというのはショッキングである。自分の人生とは何か、突きつけられるからである。ぼんやり過ごしている学生には、ショックを与えるのも一つの方法である。

〈具体的な作業〉

1. 弔辞を書く

方法として、一人きりになる時間を作る。さらに自分の葬儀の際に、誰かが弔辞を読んでくれるとすればどのような弔辞を述べて欲しいか、自分で書いてみる。あるいは、後一学期しか生きられないとしたら……というようなことも書いてみる。これらの作業は、人生のなかで何がもっとも大切なのか、どうなりたいのか、何をしたいのかを考えるための一つのプロセスである。

2．どのように書けばいいのか分かりにくいので、ミッション・ステートメントの例を提示する（『7つの習慣―最優先事項』キングベア出版、2000年、五二五ページ）。

3．実際に五、六項目、五〇〇字程度で自分のミッション・ステートメントを書く。

Ⅱ　目標の設定と管理（課題Ⅱ）

毎週、毎月、半期ごとに目標が達成されているかどうか、チェックする。目標の達成を考えるときには、時間を有効に使うために、優先順位をつけてものごとに取り組むことが大切である。

〈具体的な作業〉

四年間、一年間、前期、今月、今週の目標を考える。各項目について三つ以内で書く。今月、今週の目標については具体的に目標を展開することがポイントとなる。例えば、英語がうまくなりたいという学生は、どの教材を使って何ページから何ページまで自習するというような具体性がなければならないことも忘れないように注意を促す。

Ⅲ　時間の管理（課題Ⅲ）

何気なく毎日を過ごしているが、時間の分析を通じて自覚的な時間の使い方を考えてもらう。いつもこういう時間分析をする必要はなく、一年に一、二回、あるいは何か自分を見直したいという気持ちのときに行えばよいことことも付け加える。『7つの習慣』（キングベア出版、一九九六年、二五八頁）に掲載されている時間分析の表を使う。

時間の管理については、『7つの習慣―最優先事項』（六一頁）を基に、重要であるが緊急ではない事項、コヴィーの言う第二領域が重要であることを説明する。


〈具体的な作業〉

一週間、自分の時間の使った時間をつけて、講義、自習、アルバイト、サークル活動、通学時間などに分類して時間数を集計する。

Ⅳ　他者との関係性を考え、バランスの取れた生活を心がける（課題Ⅳ）

社会常識の欠如というのは、他者と関係させて自分の行動を考えることができないということである。最初に引用したように、自分の行動が他の人の迷惑になっていることが理解できていない。個人に焦点をあてて考えても、ものごとを関係性の中で考えることが重要である。結婚し、子どもがいるビジネスマンが土曜日曜関係なく、自分の仕事に没頭しているとする。彼が家族から見放され、妻と離婚するようなことが起きれば、仕事で成功したとしても彼の人生は成功と言えるのであろうか、というような例示もあげる。試合当日、何の連絡もなく選手が休んだら、あなたがキャプテンだったらどう感じるのか、どうするのか、意見を聞く。

自分の役割を考える。各人異なるが、家族や仕事など、バランスのとれた生活が大切であることを説明する。例えば一時的には集中的に勉強する入学試験の勉強のように、これらのバランスを崩すことが人生全体のミッションに役立つときがあることも付け加える。

次の飛躍のためには、刃を研ぐことも必要である。日々の生活に追われていると、肉体、精神、知性などが摩滅してしまう。勉強したり、健康に留意したりして、自分自身に投資する時間をつくることを説明する（『7つの習慣』キングベア出版、一九九六年、四三二頁）。

〈具体的な作業〉

一つの例として、家族、友達、学習、サークル、アルバイト、地域社会への貢献や奉仕活動などの項目をあげ、そのために自分は何をするのか、今月何をするか書いてもらう。

3　生活をマネジメントする

二〇〇二年七月三日から九日までの一週間、何に使ったのか一五分単位でつけて、集計してもらった。試験の一週間前だからいつもよりは自習時間は多いのかもしれない。講義の受講時間は一八時間くらいが平均的で、一日に直すと二つから三つの講義を受けている。

このような作業を通じて、学生は自分の時間の使い方を点検できる。多くの学生が時間をつけてみると、次のような意外な感想を持つようだ。

「こうして一週間の自分の生活を書き記してみることは自分が何にどれだけ時間を使ったか確認できて、とてもおもしろい。こうやって時々自己を省みることは必要だなと思った。」

「一週間のスケジュールを表に書いてみると、いかに私が自宅で講義の予習や復習に時間をかけてないか、よくわかった。」

「アルバイトの時間を見ると、一週間に四日間も出ているので、自分もびっくりしました。アルバイトから帰る時間が遅いので帰ってから寝るだけになってしまうので自分に今のアルバイトが合っているかどうかしっかり考えようと思いました。」

どのように時間を使っているのか、目標を達成しているのか、自分の役割をどのように規定しているのか、どのようなミッションステイメントを書いているのか。モデルとなるような学生を以下取り上げてみたい。

A君：アルバイトを反省、ミッション・ステートメントを意識する

講義二一時間、自習二一時間、アルバイト一二時間、通学一三時間、自動車学校六時間三〇分、休憩（食事風呂など）二四時間二〇分。

A君は一週間の時間を分析して、自分は休憩に多くの時間を取っているのはなぜかと自問している。原因は土日にアルバイトをして、休みがないので、疲れている、その上アルバイト先まで一時間かかっていることや自動車学校に通って時間に余裕がない、それで休憩時間を多く取る原因になってしまっていると分析している。これからまずアルバイトは家の近くにして、土日のいずれかを休むようにしたいと反省している。

自習時間については「授業の空き時間に度々図書館に行き、コツコツやっていたと思う。サークルに入る、早く授業になれる、思いやりを持って生きる、他人の幸せを自分のことのように喜ぶ、物の見方の視野を広げるように努力するなどの目標は、短期間では達成できないことである。大事なのはそういう意識を常にもっていれば、少しずつ改善されていくのではないか」とA君は見ている。

Bさん：親元を離れ、何をすべきか考え生活するように努める

講義二一時間、自習七時間、サークル一一時間、通学三時間、炊事洗濯一〇時間、買い物八時間、テレビを見たりする時間九時間。

「一人暮らしのせいか炊事洗濯買い物に時間がたくさんかかっている。テレビを見たり、ゆっくりする時間なども比較的多いことが分かる。一日に使える時間は限られているし、それを有効に利用するためにもむだな時間を省くことを心がけたい。」Bさんは四月から七月までを振り返って「資格試験に合格しなかったので、次回は努力したい。『国際協力に貢献できる人間になるぞ』という目標を思い出し、今、自分が何をすべきかを考えながら、生活を送るように心がける」と結んでいる。

Cさん：自習とアルバイトに充実感を感じている

講義一八時間、自習一九時間三〇分、アルバイト一一時間三〇分、通学五時間、食事一二時間三〇分、自分と友人家族と二九時間三〇分、手伝い三時間三〇分。

Cさんは自習に一九時間三〇分を使っている。「今週は満足！　情報センターをできるだけ利用し、自分なりに学べた。何事も調べ始めると楽しくなり、気分の持ちようで学ぶことは楽しいと感じた。また後回しにもせずその日のことを復習するだけで知識になっていくこと」を実感している。

塾の講師もしているCさんは「生徒の期末テストが返ってきてほとんどの子ができていて、充実感、達成感が味わえ、お金ではなく、単純にうれしかった。やはり信頼関係や誠実さが大切だと思った。」

Dさん：サークルもアルバイトもがんばっている

講義一八時間、自習九時間、サークル六時間、アルバイト一一時間三〇分、通学五時間。

Dさんは「サークルを通じてかかわりを持てることは大変ためになる、団体行動なので責任ある大人の行動を取る必要があるのですごくためになる」とサークル活動を評価している。

アルバイトについては「普通週三回だが、交代してもらっていつもよりは多い。お金をもらう大変さが分かり、アルバイト先の人たちやお客さんにも関われるので、精神的にも成長している」と、これも評価している。

自分の目標として、「先を通して行動できるようになる、みんなから信頼してもらえるようになる、自ら進んで行動できる人になる、大学生活を心から楽しむ、責任ある行動をとる」を掲げている。

Eさん：将来の進路を考え、自習に三五時間をあてている

講義一九時間三〇分、自習三五時間、アルバイト五時間、家事二二時間三〇分。前期の試験があったために自習の時間が多かったとEさんは分析。今回時間分析をしている学生の中で最も自習時間の多い学生である。自習時間が講義時間の一・八倍になっているのは、予習復習課題をおろそかにしないためにも現状でいいと述べている。

「家事に二二時間三〇分も使っているのには驚いた。もっとスムーズに能率よくこなしていきたい」と反省。

Eさんは将来の職業についてしっかりとした視点を持っている。

「国際機関や国家の実態が分かって失望している。今ある職種にこだわるのではなく、『私は〇〇がしたい、だから△△という組織、もしくは職種を新しく作りあげる』という視点から将来の職業のイメージを作っていけたらと思う。」

Fさん：ミッション・ステートメントを実行している

時間数は細かくつけていないが、「努力を惜しまない人になり、積極的に行動し、協調性を重んじ、自分を失わない人になる」というミッションを立てたFさんは、入学して三ヶ月経って目標が達成できたかどうか、振り返っている。「努力を惜しまない人になる」という最初のミッションについて、「大学での講義やサークル、地域の活動など、自分がよいと思ったものには積極的に参加

しました。……私は、人のために何かをしたい、社会に役に立つことをしたいという目標ももっていました。自分の成長という役割をつくり、ボランティア活動をしようという目標を立てました。自分でいろいろ探していると、本当にたくさんのボランティア活動が行われていて驚きました。老人ホームに行ってお年寄りと交流しました。障害を持った子供たちとも楽しい時間を過ごしました。視野が広くなり、いろんな人と触れ合いたい、これからもボランティア活動に参加し、それを通して自分のなかにたくさん吸収していきたい、と強く感じました。」

4　アルバイトをどう生かすか

学生に自分の使った時間を記入、分析してもらって驚かされたのはアルバイト時間数の多さである。

なぜ多くの時間をアルバイトに使うのだろうか。アルバイトの目的について聞いているわけではないが、お金を得るというのがもっとも大きな目的だろう。しかし、アルバイトにやりがいを感じているのも事実である。

アルバイトを週二九時間した学生は、MVPにも選ばれたのでこれからもがんばると書いている。コンビニ、スーパー、うどん屋のアルバイトが合わず、ケーキ屋に勤めている学生は「店員の九〇%が女の人で店長も女の人でとても働きやすい。今はまだ実習生で箱の包み方やレジの操作、お客様との接客業がうまくできないので今よりもずっとバイトが楽しく、やりがいのある仕事に変わ

表Ｉ-３-１　アルバイトに費やす時間数

時間数	人数	比率
30時間以上	8 名	5.2%
26～29時間	12	7.8
20～25時間	46	29.9
15～19時間	36	23.4
5～9時間	22	14.3
4時間以下	9	5.8
総計	154	100%

表Ｉ-３-２　アルバイトの職種

職種	人数	比率
飲食店	44 名	28.6%
スーパー	23	14.9
コンビニ	18	11.7
レンタルビデオ店	14	9.1
家庭教師	47	43.9
ホテルなどの接客	9	5.8
清掃	8	5.2
ガソリンスタンド	7	4.5
無回答	1	0.6
総計	154	100%

れればいいなと思います。一日も早く実習生という名札をはずしたい。」

週四時間半のアルバイトを四回して二二時三〇分に帰宅する学生は、「バイトはかなり慣れてきて、新人の教育もまかされて、ベテランぽくなってきた。店をまかされるようになり、とてもやりがいがある」と言っている。

「友達ができる、お客様に対する言葉遣いや姿勢、何より給料が入ってくるのが喜び」

表Ｉ－３－３　サークルに費やす時間数

時間数	人数	比率
21時間以上	3 名	2.8％
16～20時間	4	3.7
10～15時間	15	14
5～9時間	29	27.1
1～4時間	47	43.9
その他	9	5.8
総計	107	100％

という学生もいる。

企業もアルバイトに一生懸命働いてもらうためにＭＶＰとか、新人教育を任せて責任感をもたせたりしている。新しい世界を知ることもできるのも魅力かもしれない。

「人生と仕事」というオムニバス講義のなかで、時間をマネジメントしてもらうためにアンケート調査をした。

アンケートに回答した学生は総計二〇七名。アルバイトをしていると回答した学生は一五四名、七四・四％。受講した学年は、一、二年が七〇％、三、四年が三〇％。学部別の回答者数は、商・法学部がそれぞれ三〇％、人文・経済科学部が二〇％程度である。性別比は女子六〇％であるのに対して、男子四〇％である。女子学生の占める割合は一年から三年まで学年が上がるにつれて増えている。仕事に対する女子学生の関心は男子学生よりも強いと言える。

アルバイトをしている日数は、四日がもっとも多く三六・四％。三日以上アルバイトをしている学生が実に八割を占めている。

時間数では、**表Ｉ－３－１**のように二〇時間から二五時間がもっとも多い。つづいて一五時間から一九時間。週一五時間以上アルバイトをしている学生は六六％に上る。

アルバイトの職種は飲食店がもっとも多く、三〇％弱（表Ⅰ-3-2）。続いてスーパー、コンビニ。あわせると、約四分の一になる。少し前までは夜のバイトは飲食店とレンタルビデオ店が中心であった。夜間や深夜にアルバイトができるのは学生かフリーターしかいない。大規模小売店舗法が廃止され、営業時間の規制がなくなった。ファーストフード店、飲食のチェーン店などの増加もある。不況下で売り上げを維持あるいは伸ばすために夜遅くまで営業する業種が増え、学生が労働力になっている。経費節減のためにパート労働が増えたことも拍車をかけている。社会環境や経済の状況の変化が、学生のアルバイトの職種に反映している。

参考までにサークル活動をしている学生は五一・七％である。本学の二〇〇一年度のリークルに入っている学生は約二〇〇〇名、全体の学生数の三分の　であるから、本講義の受講者がサークルに加入している割合は高い。

サークル活動の時間数は一～四時間が四三％、回数も週一回と二回を合わせると六〇％（表Ⅰ-3-3）。学生がサークル活動に割く時間数は、アルバイトに比べるとはるかに少ない。

これだけアルバイトをしていると、いつも疲れているとか、眠たいというのも無理はない。アルバイトをするなと言うこともできない。したがって、アルバイトとの付き合い方をアドバイスするのが必要なことである。

アルバイトをする際のチェックポイントを考えてみた。

1．アルバイトノートをつくる。

2．時間数をつける。

3．一ヶ月間のアルバイト時間数の上限を設定し、それ以上はしないという強い意志をもつ。休み中に多めにアルバイトをし、学期中は減らすというのも一つの方法である。自習をする時間とアルバイト時間を同じにするという目標をもつのもわかりやすい。週一〇時間アルバイトをするのならば、二日か三日になるので、平日と土曜日・日曜日を組み合わせてバイトをするという方法もある。アルバイトをしない日をつくるように心がけるのもいいかもしれない。

4．アルバイトを通じて何を得るのか、目的をはっきりさせる。

(1)もし小遣いを三万円程度稼ぎたいというのであれば、時給七〇〇円で四二時間になる。週に直せば一〇時間程度である。

(2)自分の進路選択や就職試験にアルバイトを生かすというのはどうだろうか。アルバイトで得た知識や情報などをノートに書きとめておく。これが主目的であるならば、多くの職種を経験してみるのも一つの方法である。

5．気持ちを切り替えるのも大切である。アルバイトをすると当然、そこから得るものもある。すでに述べたように、対人関係とか、できなかったことができるようになったり、店の人から褒められればうれしい。達成感もある。しかし、自分の主たる目的は何かを思い起こし、可能な限り割り切るように心がけることも必要である。週四日も五日もアルバイトをしていると店の人とも仲良くなる。悪く言えば、断れずついつい都合よく使われ、本来の自分の目的が損なわれてないか、チェックすることも必要だろう。

5　大学本来の目的を達成するために

進学率も大学、短大をあわせて五〇％近くなり、希望すれば誰でも大学教育を受けることのできる時代、いわゆるユニバーサル段階に入っている。生活をマネジメントする方法を指導することが、大学本来の目的を達成するためにもますます重要になっている。

将来の進路を考える講義も必要である。就職部をキャリアセンターと名前を変え、キャリア開発とか人生と仕事のような科目を置く大学も増えている。その際、単に就職のノウハウを教えるというのではなく、人生の目標を考えて見る、自分の目的を達成するにはそのために時間を作らねばならないというようなことを考えさせるような内容を含むことが必要である。

あわせて、社会で活躍している卒業生あるいは積極的に活動している在学生に話をしてもらうことを通じて、学生の意欲を向上させる。「憧れモデル」の提示である。自分が入りたかった大学に入学できなかったという気持ちをいつまでも持ち、だから今いる大学では勉強しても無駄だと言って、大学のせいにしている学生もいる。入学した大学に誇りをもち、アイデンティティを持ってもらうことも学習の意欲を増す条件の一つである。

現在の時代状況にあった教育内容や教育プログラム、つまり自己啓発プログラムも大学教育の中に取り入れることが求められている。

4　参加型授業を通じて基本的なスキルを養う

1　本を読み、考え、意見を発表し、まとめる力を養う

授業が始まってすぐに熟睡をしている学生。座席が一番前であろうと後ろであろうと私語をしている学生。プリントを配布すると、一つ空席があると途中でプリントが机の上に置かれたままになっている。これらの問題は、夜遅く、場合によっては朝早くまでアルバイトをしている、講義は他のことをしながらついているテレビと同じ、よく知らない学生とは関係性が持てないことに起因している。こういった授業風景は日常茶飯事になっている。

「ゆで蛙」という話を世界有数のボールメーカーであるモルテンの民秋史也社長から聞いたことがある。蛙は熱い湯に入れると飛び上がる。しかし、水から入れて少しずつ温めていくと、蛙は気づかずに茹で上がってしまうというのである。少しずつの変化には気がつかないという例えである。

六年間のブランクがあったから、学生の変化が私には大きく映りすぎているのかもしれない。この間、一八歳人口は一七三万人から一五一万人へと減っている。周知のように二〇〇九年にはこれからさらに三〇万人減り、一二〇万人台の時代へ入る。今まで入学して来なかったタイプやレベルの学生が占める割合はどの大学でもますます高くなる。大学では学生の関心を呼び起こし、動機づけ

をする教育をしていかなければならない。他方では企業からは即戦力の人材の要請も高まっている。公務員試験では集団討論や面接に合格しないと採用されなくなっている。自分の意見を発表し、意見をまとめる力を育成する授業の必要性は増している。

文章を書くことだけではなく、本を読む、考える、意見を発表する、まとめる力を養う授業。人数が多い講義でも少人数教育でも、教員が一方的に話すのではなく、学生同士が意見を交換する授業。

授業評価の中でも「授業の中で参加を促したか」という評価項目はもっとも低い部類に属し、この点からも参加型授業方法の開発の必要性は増している（安岡高志他『授業を変えれば大学は変わる』プレジデント社、一九九九年、六三頁）。

本論は、参加型・グループワークを通じて基本的なスキルを養う授業を試みた実践レポートである。

2　思考のプロセスを段階的に教えていく

昨年の後期が始まって少し経った頃、斉藤孝の『会議革命』（ＰＨＰ研究所、二〇〇二年）や『読書力』（岩波新書、二〇〇二年）が出版された。急いで新刊書に飛びつく方でもないが、書店で見て買い求めた。前者はグループ討論の方法を考え、後者は思考のプロセスを理解するのに役立った。

前者については後に述べるとして、後者が私になるほどと思わせたのは次の点である。

『読書力』（一四〇頁）の中に、三色ボールペンで線を引きながら読むという文章があった。「青と赤が客観的な要約で、緑が主観的に『おもしろい』と思ったところだ。青は『まあ大事』という程度のところに引き、赤は、本の主旨からして『すごく大事』だと考えるところに引く」。この文章に出会った時に、「あー、そうなのか」と思った。学生に本を読みなさいと言っても、本を読むというのはどういうことか、どうすればいいのか、わかっていない者も多いのではないか。線を引いたり、本の余白に気づいたことを書き込みしたりする。それが積み重なって、全体として、著者が何を言いたいのか、あるいは問題点を指摘したりできる。自分の意見は言えなくても、どこに線を引いたのか、なぜ引いたのか、ということなら話すことができる。

3 中規模、大規模の授業で新書を読む

おもしろい、重要であると思った文章に線を引いてもらい、その中から三つの文章を選ぶ。少し上級になると著者の意見には賛成できない文章を、線を引く対象に加えてもよい。一〇〇名、二〇〇名くらいの受講者数であっても、隣に座っている学生同士で、どこに線を引いたのか、意見を交換できる。時間がないときは、学生が相互に意見を交換する作業を省き、私がどこに線を引いたのか、その理由も話す。

新聞記事を使うと、毎週でも実施できる。あらかじめ本を決め、読んでくる章を指定しておいて、隣同士で座った三名で上記の作業をすることも可能である。

今年の五月に「政治学概論I」（一年から四年まで受講）において川本敏編『論争・少子化日本』

（中公新書ラクレ、二〇〇一年）という本を読んできてもらい、意見の交換、議論の結果をまとめる、発表することを目標にした講義を行った。テキストは少子化に賛成、反対の立場から書かれた文章が収められ、討論に適した教材である。

斉藤孝はマッピングコミュニケーションという一対一の討論方式を提案していたが、教室が一方的に講義を聞く固定式の机になっていて、二名というのは相当緊張感があるので、三名が一列に座れる教室を使った。横並びに三名座るのならば、顔をお互いに見あわせることはできないが、議論しまとめることは可能である。

初めてこの種の授業を行うので、いつも座っているメンバーを基本にした。しかし一、二名で座っている学生は、一組三名になるように移動してもらった。

あらかじめ講義方法をプリントに書き、読んでくる章を指定しておいた。何度もテキストを用意してくるように言ったが、三名用意してこない学生がいた。退出してもらい、七四名（履修者は八九名）が参加して本を読んでもらった。

まず五分、三つ選んでいるか、確認をしてもらった。この点は重要なポイントである。

相互に知らない場合には自己紹介をしてもらう。

時間は二〇分くらい、意見を交換してもらい、討論の様子を見て五つのグループにどこに線を引いたか、なぜそこに線を引いたのか、前に出て発表してもらった。

一つのグループは期待していた以上に、著者の考え方の問題点を指摘してくれた。

以下の学生の評価にあるように収穫はあった。しかしテキストが進んだのは一章、わずか一一頁。

早いグループは次の章の意見交換に入っていた。またあらかじめまとめてきている学生もいたとは言え、席の移動、意見交換、発表で一時間近くかかっている。受講者数が多い場合には、進行速度が遅くなるのが問題点と言える。

学生の評価はどうだろうか（→は筆者のコメント）。

①一致を発見して喜ぶ

「自分が大切だと思った所と友達や他人との意見が一致したら結構うれしいものである。」（四年）→このような意見は多かった。同じであると学生は安心するのだろうか。

②相違を発見する

「同じところを選んでも理由が違っているのには少し驚いた。」（三年）

「自分が線を引いてきたところと同じところを選んでいる人があまりいなかった。三つ選んだうち一つ重なる程度だったので、三つとも重なるのではないかと思っていた私には意外なことだった。他の人が選んだところで自分が引いていないところも読むと、なるほど確かにおもしろい考えだというところがたくさんありました。」（三年）

③　視野が広がる

「みな興味を持つポイントが違うので、意見を聞いてみることで自分の枠が少し広がる気がする。」（二年）

④　本を深く読む

「重要なところやおもしろいところに線を引いて本を細かく分析しているようで、一冊の本

でぎっしり学べる気がしました。今までこんなに深く読んだことがなかったです。」（一年）
「ぜひこの本を全部読んでみようと思います。」（二年）

⑤　相手に伝わるように説明したい
「重要な部分を探すのにも人それぞれまったく異なっていて、それを選んだ理由を説明されると、私も納得したので、自分の意見が相手に伝わるように説明するのが上手になりたいです。」（一年）

⑥　まとめるのに苦労した
「今まで自分と意見がこんなにも違う人に会ったことがなかったのでびっくりしました。それに三人とも意見を主張したがるので、意見がまとまらず苦労しました。」（一年）

⑦　知らない人との意見の交換はおもしろい、いやだ
「あまり親しくない人と意見交換するのは結構おもしろいです。」（一年）
「女性二名に男僕一人というのは正直、キンチョーしました。白分とかかわりのない人と意見を交わすことを非常に楽しんでいます。」（三年）
「話すうちに仲良くなってよかったです。」（一年）
「次回からは知らない人とやると言っていたが、それはちょっと気がひけるのでいやだと思った。」（一年）

4 小規模、中規模の授業でテーマをめぐるグループ討論

三名から五名までのグループを作って、自分の意見を言ったり、まとめたりする授業をすることもできる。いわゆる討論型授業の一種と位置づけられる。しかし、いわゆる「相手を論理的に打ち負かす」ディベートとは異なり、「真意をくみ取りあってよりよいアイディアを一緒に創り上げていく」ためのグループワークである（『会議革命』三八頁）。

「政治学概論II」（一年から四年まで受講）の中で、このグループワークを、二〇〇二年一〇月に実施した。当日の出席者数は二三名であった。『会議革命』を参考にしながら、あらかじめ授業の進行予定表を作って授業に臨んだが、女子学生数や机と椅子の形などで予定通りに進めるのがむつかしく、以下のような要領で行なった。

ディスカッションのテーマは「若者の投票率」である。もう少し詳しく、「若者の投票率は低いですが、なぜ低いか、どうしたら投票率が高くなるか、それぞれ三つ理由をあげてください」という具体的な問題も出した。

参考資料として戦後の衆議院議員選挙の投票率、広島市の抽出された年齢別の投票率（衆議院選挙）、平成一一年から一三年までの各種選挙の投票率を配布した。

ディスカッションの要領として、同じ教室に学んでいると言ってもお互いに知らない同士なので、あらかじめ簡単な自己紹介から始めてもらった。そして自分の考えをまとめるために一〇分間、各自考える時間を取った。次に四五分間、四人で検討し、アイデアを出してもらった。

四人は向き合って座り、この中に女子学生は少なくとも一名入れるようにグループを作った。アイデアをまとめる際の注意事項をいくつかあげたが、相手の考えを否定しないというのが最低限のルールである。

最後に、各グループが議論してまとめた結果を発表するプレゼンテーションタイムを設け、グループが作成した提案を投票してよい報告を選んだ。

授業を実施した後の受講生の意見は左記の通りである。

「自分では考えつかないアイデアを持っていておもしろかった。」（一年）
「一人で考えたときよりも考えが広がった。」（二年）
「個人個人の考えがわかってよかった。」（一年）
「意見をまとめるむつかしさを知りました。」（三年）
「白熱した議論が展開してしまってちょっと楽しかった。」（二年）
「高校生がいたのですが、すごくしっかりしていて驚いた。」（四年）（この講義は高大提携公開授業の一つで高校生も受講できる講義でした。）
「互いに考えるポイントが異なるための関連づけをするのが大変であった。」（四年）
「もっと自分の意見を明確にしてはっきり伝えるようにしなければならない。」（一年）

5　教育改革を支援する大学マネジメントを

本を読む、考える、意見を発表する、まとめる。これらの力を養う授業をするという目的を果たすことはできたと自己評価している。学生の授業評価も高い。

　しかし、授業の実施に時間がかかり、教育内容は二割程度減っている。量は減っても、基本的なスキルを育成するという面ではよいと思っている。しかし、これは国家試験があるような科目だとどうしても教えなければならない内容があるので、このような方法を取るのはむつかしいかもしれない。


　教育改革は授業方法の改革にとどまらない。施設や設備も改善されなければならない。固定式の机は、教員は話す人、学生は聞く人という一方向的な関係を前提にしている。比較的大きな教室でも可動式の机や椅子を導入したり、小教室でも自由に組み合わせたりできるような形状の机を整備していくことも必要である。参加型授業を行うまで机の移動が可能かどうかとか、固定式の椅子は何人がけか、考えたこともなかった。こうした目で教室を観察すると、固定式机には三人、四人、五人がけがある。マルチメディアの設備や情報施設をどうするのかは論議の的になるが、一般教室の設備の改修は議論の対象になっていないのではないか。九〇分授業を聞けない、九〇分間座れない学生も増えつつある。現在の学生の実態を考えると三〇〇名とか、五〇〇名という講義が可能なのだろうか。

　グループワークができる教室環境の整備をはじめ、現在の学生の状況にあった教育空間をどう創っていくのかも課題である。

教育改革を支援する大学マネジメントが求められている。

5 キャリア教育入門

1 キャリア教育の目的

二〇〇四年七月と八月に、職業、就職、生き方などを分析、記述した三冊の本、野口やよい『年収1／2時代の再就職』（中公新書ラクレ）、高橋俊介『スローキャリア』（PHP）、玄田有史・曲沼美恵『ニート―フリーターでもなく、失業者でもなく』（幻冬社）が出版された。『ニート』は入手まで二ヶ月近くかかった。

九月一〇日には、「フリーター二一七万人、無業者五二万人」という見出しの記事を朝日新聞社のホームページ asahi. com で読んだ。これは厚生労働省の『二〇〇四年版労働経済白書』の報道であり、「一五～三四歳の未婚の若者で、仕事も通学もしていない無業者は〇三年で推計五二万人、フリーターは過去最多の二一七万人に上ることがわかった。無業者とフリーターを合わせると、この世代全体の約八％にあたる。……〇三年の完全失業率は五・三％と一三年ぶりに低下した。しかし、雇用の内訳をみると、派遣社員や契約社員など『非正規雇用者』が一五〇四万人で全雇用者の二八％と過去最高に。一方、正社員は三四四四万人で同六五％と九年連続で減少した」という内容である。

野口が心配している非正規雇用が増えている。社会全体としては、正規雇用を念頭に置いた雇用体制や保育の見直しがますます必要になっている。雇用は地域社会、企業、家族、人人などの問題としてとらえなければならない。

二〇〇一年度、広島修道大学では人間環境学部の設置に合わせ、全学的にカリキュラムの改正を検討し、〇二年度から職業に関する講義を設けることにした。この講義は、「大きく変化しつつある日本社会の中で自分の進路や職業を考え、自分を見つめなおし、人生の中で職業をどのように位置づけていけばいいのか、大学生活の過ごし方などについて考えていくこと」を目的としている。商学部の森川譯雄教授と私がコーディネーターになって、「人生と仕事」という講義（夏休み集中講義・二単位）を開講している。

卒業生を講師として招き、大学へのアイデンティティを高めることもこの講義の大きな目的であった。

2　人生と仕事の講義と評価

二〇〇四年度で人生と仕事は三年目を迎えた。今年度の講義は八月二日から六日まで開講した。

〈講義のテーマ〉

オリエンテーション

人材の見方・考え方

多様化する雇用形態
私の人生と仕事
サラリーマン生活を振り返って
営業の仕事
仕事への挑戦
税理士の仕事
県庁の仕事
国際協力の仕事
NPOの仕事
読書歴インタビュー
まとめ

〈講義のテーマと講師〉

講師はできるだけ二世経営者は避け、多様な分野からお願いするようにしている。年度によって、マスコミの仕事、弁護士の仕事、公認会計士の仕事などについても講義してもらった。

初年度から比べると、就職環境、キャリアデザイン、企業・仕事を研究する視点や営利を目的としない働き方、会社内の組織と営業などについての講義内容を加えてきている。

成績の評価は、毎回、講師への質問と講義から学んだことをA4の用紙二分の一枚にまとめた講義レポート、キャリアの自己診断と将来の展望、全体の講義の感想、私の読書歴と他の学生の読書歴インタビュー、アンケートと出席によって行った。読書歴とインタビューは、今まで自分が読んだ本を一〇冊あげ、それぞれの本につき三行程度コメントをつけてきて、それをもとに他の学生にどのような本を読んだのかインタビューさせ、レポートを作成するというものである。毎日、講義が三コマ程度あるので、学生の気分転換を図るという意味もあるが、自分の読書の傾向や必要性を知り、同じ教室にいるが、言葉を交わしたことのない学生へのインタビュー、聞いたことをまとめる力を養う意義もある。

一日四コマ（朝九時一〇分から四時三〇分まで）を四日間というのは厳しいという学生の意見もあり、緊張感の持続もむつかしいようなので、今年から一日三コマか二コマにして五日間の講義にした。

3　「人生と仕事」の講義

講義の第一回目に、私は「人生と仕事」について講義している。

私の話は、人生のほとんどの時間は仕事によって占められているというところから始める。人生と仕事は切っても切れない関係にある。ここで、しばしば使われるキャリアという言葉についても説明しておかなければならない。キャリアとは「個人の仕事の経歴」（高橋俊介『キャリア論』東洋経済新報社、二〇〇三年）のことである。

さて本題である。人がなぜ生きなければならないのか、これについては残念ながら私には明確な回答はない。人は生かされている限り、生きていかなければならない。社会は生きることを前提にして成り立っている。生きている限り、積極的に、生産的に生きることが大切である。

人生を勝者と敗者の観点から見るべきではないことも話しをしている。極端な例であるが、夏の甲子園大会である。全国、四〇〇〇校を超える高校、十六万人が甲子園をめざして試合をするが、甲子園に出られるのは四九校に過ぎない。優勝は一校であり、グラウンドに立てるのはわずか一〇数名に過ぎない。地方大会でまず一勝を目標にする高校もある。二〇〇四年のオリンピックのように、銅メダルを取って喜ぶ選手もいれば、銀メダルを取ってもまったく喜ばない選手もいる。

もう一つの仕事は生きていくための手段であるが、自分がもっともしたいことをして生きるのが理想である。自分のしたいことが仕事になり、それによってお金を得る。しかし、これはそう簡単ではない。生きていくには自分が働きたくなくても働かなければならないこともある。

まず正規雇用につくように最大限の努力をする。どうしてもむつかしければ、契約社員でも派遣社員でもよい。そこで何かを身につけ、次のステップに進むことである。「いい仕事もいい会社も自分で育てていくものである」（藤原和博『「よのなか」入門』）。

これに対して、自分のしたい仕事にこだわり、したくない仕事はしない、安易にフリーターを選択することは一般的にはすべきではない。就職活動自体が企業を知り、働き方を学んでいく過程である。この過程を学んでいけるかどうかが分かれ目である。キャリアの八〇％以上が偶然の出来事によって左右されているというような内容の講義をする。

〈自分を知る作業をする〉

進路を考えるときには、自分を知る作業をする。

①小学校から現在までの経歴を書いてみる。経歴書を書く重要性は、私はトム・ピータースの『起死回生』（TBSブリタニカ、一九九八年）から学んだ。確かに彼が度々書いているように、新しくしたことがなければ経歴に書けないのだから、経歴を一年に何回書き換えることができているのか、大切である。

②自分が自信を持って話せる、あるいは他の人に負けないこと、得意な科目、課外活動や表彰歴、その他何でもあげてみて、最終的に多くても五項目以内にまとめて書く。

③自分の性格の長所を三つあげる。その際には、自分で考えてみるとともに、家族や友人などから自分の長所を聞いてみる。時には自分も気がついていない自分を発見できることもある。自分が思っている長所との相違があれば統合してみる。書くときには、例えば自分の性格が「粘り強い」とすれば、具体的に事例をあげるようにする。

〈何を大切にしていきたいのか〉

自分は何をしたいのか、何を大切にして生きたいのか。そして自分の行動の基礎となる価値観や原則を五〇〇字程度で書く。

コヴィーが書いているように、自分が葬儀の際に読んで欲しい弔辞をイメージしてみるというのがいいかもしれない（『七つの習慣』キングベア出版、一九九六年、一八三頁）。いわゆるミッション・ステートメントである。実例のある方が書きやすいので、実例を示す（『七つの習慣―最優先事項』キングベア出版、二〇〇〇年、五二五頁）。

〈目標とその実現〉

人生が立てた目標通りに進んでいかないことはすでに述べた通りである。しかし、私たちは目標を実現しようという努力もしている。A大学へ合格したいとか、スポーツ大会で優勝したいとか、TOEICの何点を取りたいとか、公認会計士になりたいという目標がある。目標達成のためには計画的に練習したり、勉強したりする。目標の達成には過程が重要である。

①目標を立てる

自分を知るとか、自分の価値観をもとに個人の目標を考える。目標には個人の目標もあれば組織の目標もあるけれども、組織の目標はここではとりあげない。

②優先順位をつける

あれもやりたい、これもしたいが、順番をつけていく。

③どのように目標を実現していくのか

抽象的にではなく、具体的に今週中にとか、今月とか、半年とか、目標を立てていく。目標があっても、それをどのように実現していくのか、忘れないように注意を喚起する。

④目標を実現するためには時間を作っていく

一週間、時間をつけて自分の時間の使い方を調べてみて、目標を実現するための時間を確保するようにする。

⑤バランスの取れた生活をする

コヴィーは仕事、家族、趣味、地域社会への奉仕などにバランスよく時間を使うことが、人生の中で重要であると説いている。しかし、常にバランスよく生活できるわけではなく、時には何かに集中して一定期間することが大切なこともある。マラソンランナーがコンスタントなペース配分をしながら、あるタイミングでラストスパートをするのがわかりやすいかもしれない。

⑥刃を研ぐ

自分を成長させるために投資をする。学習が次のステップにのぼっていくのには大切である。

⑦目標を実現するためのエネルギー（情熱とか意欲）

意欲を持続させるのは各人各様だろう。どこかで休養とか、スポーツとか、自分がリラックスする時を作る。

〈アルバイトとのつきあい方〉

多くの学生はアルバイトに使われている。アルバイトの目標をはっきりさせる。アルバイト時間数をつけてみて、上限時間を自分で設定するのも一つの方法である。アルバイトノートをつけたり、自習時間とアルバイトを同じ時間にするとか、自分なりに方針を持つようにする。

〈社会を知る〉

なぜ社会や経済、政治などについて勉強するのか。自分の目標を実現するためにも、自分がどういう社会に生きているのか、知らなければならない。本を読むのも、自分を知り考え、社会を知るための手段である。

〈人生と仕事を考える二〇冊の本〉

今年配布したリストに最近出版された本を加え、二〇冊を選んだ。リストには三行程度の私の推薦文をつけているが、字数の関係で省略した。

Ⅰ　コミュニケーション

池上彰『相手に「伝わる」話し方』講談社現代新書、二〇〇三年

Ⅱ　人生を考える、生活の目標、自己管理

ジョン・コヴィー『7つの習慣　ティーンズ』キングベア出版、二〇〇〇年
佐々木直彦『キャリアの教科書』PHP研究所、二〇〇三年
長谷川滋利『自分管理術』幻冬舎、二〇〇二年
五木寛之『人生の目的』幻冬舎文庫、二〇〇〇年
新渡戸稲造『どうしたらもっと生きがいのある人生を生きられるか』三笠書房、一九八九年

Ⅲ　進路や職業・社会を考える

藤原和博『「よのなか」入門』王様文庫、二〇〇三年
大久保幸夫『新卒無業』東洋経済、二〇〇二年
野口やよい『年収1／2時代の再就職』中公新書ラクレ、二〇〇四年
高橋俊介『スローキャリア』PHP、二〇〇四年
玄田有史・曲沼美恵『ニートーフリーターでもなく、失業者でもなく』幻冬社、二〇〇四年
山田昌弘『パラサイトシングルの時代』ちくま新書、一九九九年
中央公論編集部編『論争・中流崩壊』中公新書ラクレ、二〇〇一年
清家篤『定年破壊』講談社、二〇〇一年

表I-5-1　人生と仕事が評価できる点

設問	全体	1年	4年
多様な職業観があることが理解できた	17.6%	11.9%	22.7%
職業について考えるきっかけになった	16.2	20.2	10.6
将来の進路選択の参考になった	14.2	19.0	3.0
失敗から立ち直ることが大切だとわかった	13.2	10.7	18.2
卒業生の話を聞き、自分もがんばってみようと思った	12.3	15.5	10.6
学習していく必要性があると思った	9.8	7.1	16.7
講師が組織において個人として成功した理由がわかった	5.9	3.6	9.1

Ⅳ　マネジメントから学ぶ

トム・ピータース『起死回生』TBSブリタニカ、一九九八年

ドラッカー『明日を支配するもの』ダイヤモンド社、一九九九年

盛田昭夫『MADE IN JAPAN―わが体験的国際戦略』朝日文庫、一九九〇年

小倉昌男『経営はロマンだ！』日経ビジネス人文庫、二〇〇三年

4　講義の評価

毎年、講義終了後にアンケートをとっている。今年度の履修者は九四名であった。高大連携授業科目としても提供し、四名の高校生の受講があった。

もっとも評価が高いのは、「卒業生の講義を聞き、広島修道大学の卒業生が各界で活躍していると思いましたか」に対する回答である。およそ九〇%の学生が「大いに思う」を選んでいる。学

生は自分の大学の卒業生が社会で活躍している、自分もがんばろうという気持ちになるようだ。この講義の目的は十分に果たされている。

「あなたは『人生と仕事』を受講して何がよかったですか」という設問について、三つ選んでもらった。

全体としては、「多様な職業観があることが理解できた」がもっとも多く、「職業について考えるきっかけになった」、「将来の進路選択の参考になった」がつづいている。ところが一年生と四年生ではこの講義の評価は異なる。**表I-5-1**のように、一年生には「きっかけ、進路選択の参考、自分もがんばろう」と続いているのに対して、四年生には「多様な職業観、失敗から立ち直る、学習の必要性」と全く異なった順位になっている。大学に入って間もない一年生と就職活動を経験している四年生にとって重点の置き方が違う。

「自分を見つめ直し、人生の中で職業について考え、大学生活の過ごし方などについて考える目的は果たされたと思いますか」という設問に対して、「十分果たされた」と「まあまあ果たされた」がそれぞれ四八・五%で、二つあわせると一〇〇%近い。

「後輩のために講義をもっと充実させるとしたら、どのような点を改善したらいいと思いますか。自由に書いてください」という設問には以下のような記述があった。法は法律、英は英語英文、政は国際政治、経は経営、情は経済情報学科を、社は社会学専攻を、そして数字は学年を表している。

〈読書歴とインタビュー〉

「自分の新たな面が発見できた。」（法4）
「読書歴のインタビューは相手とコミュニケーションをとる練習にもなるし、人が読んでいる本の傾向を知ることができる。」（法1）
「今度、この本を読んでみたいと思うので、よかった。」（社1）

〈講師〉
「教職をめざしているので、学校で実際に教えておられる教員の方のお話を聞けたらよかった。」（経1）
「一番聞いておもしろいと思ったのは大体三〇―四〇代の方の話であった。それより年齢が高いと世代間ギャップが大きくなるから。」（英4）
「もう少し年齢の若い方を講師によんで欲しい。」（政4）
「中小企業などのもう少し年の近い身近に感じられる方の仕事や人生。」（情4）
「女性をもっと増やして欲しい。」（英4）

⇓質問への回答
講師の年齢はある程度の社会的な経験のある方をと思えば、どうしても年齢が高くなる。できるだけ学生の年齢に近い講師というのも形を変えてするのも一つの方法である。性別では、今年は女性講師が一名であった。段々女性が減っている。指摘の通りである。

〈講義内容〉
「最初に『人生と仕事』について人と語りあい、その自分の意見と比べながら、講義を聴く。」

（法1）

⇓質問への回答

「あらかじめ、『あなたが人生と仕事の講義をするとします。あなたはどのような内容の講義をしますか』（八〇〇字のレポート）を書いてきてもらうというのも、いい一つの方法である。

「講師が学生に一方的に語りかけるのではなく、一緒に討論するような講義にすればより考える力がつくと思います。」（高校生）

「本学の卒業生がほとんどということもあり、自分にもまだまだ可能性はあるし、それは努力次第だと気づいた。」（英2）

「修大の卒業生にはこんなにすごい人たちがたくさん活躍されていることを知って、とても良い刺激になりました。」（経1）

「私は修道大学という名前に自信を持つということができずにいたが、修大の卒業生の大いなる活躍をまのあたりにして驚くとともに励みになった。」（英4）

「講義を受けている中で自己分析をしてみると、自分にはどんなことがあっているのだろうかと考えるきっかけになり、自分を知ることができた。……大学へ進学した意味はどこにあるのかということで悩んでいたが、大学で勉強することは、これから仕事をしていく中で学ぶという勉強のやり方を学びに来ているのだと思った。」（経3）

「自分の本当にやりたい仕事・自分の人生のこれからについて真剣に考えてみようと思った。」（英2）

5　講義の課題

「人生と仕事」の講義を始めてから三年、夏休みに入ると約一週間、この講義のコーディネーターと講師を務めている。この講義の実施と運営のために時間を費やす負担も大きいし、他方では学生のためにはこの講義をしたいという気もしている。一緒に講義と講師への対応をしてもらっている森川譯雄先生、そして卒業生・講師との連絡や対応してもらう職員のみなさんの協力がないとできない。他のオムニバス講義と同じである。

今年は講義を聞きながら、この講義は学生のために開いているのであるが、同時に私たち教員にとっては自分たちが教えた学生たちが社会でどのように活躍しているのか、教育の成果を確認する場ではないかと、ふと感じた。

あいかわらず就職率が低く、非正規雇用が増大していく中で、キャリア教育の重要性はますます高まっていく。

「人生と仕事」は当初の目的を果たしている。つまり、広島修道大学へのアイデンティティを高め、職業を考えるきっかけになって、学生たちに元気を与えているのもまちがいない。

この講義をもう少し別な形にするとすれば、どのような講義を考えることができるのだろうか。タイトルをつけるとすれば、「在学生・二〇歳代卒業生から見たキャリア」となるのだろうか。学生の意見にもあったように、学生の年齢に近い講師を主体にした講義である。

内定した学生には、大学時代にどのような勉強や課外活動をしたのか、アルバイトから何を得たのか、何社にエントリシートを出し、何社を受けたのか、面接は……などについて話をしてもらう。二〇歳代の講師には大学時代のことに加え、大学時代に考えた仕事と実際に会社や公務員などで働いてみて異なるのか、大学で勉強したことは社会でどのように生きているのか、考えたことと経験の一致と差について講義してもらう。結婚している卒業生には仕事と結婚について話してもらう。

キャリアセンター（就職部）との協力も欠かせない。企業などの情報をもっとも多く持ち、日常的に業務に携わっているのはキャリアセンターである。

講義を聞き、できれば学生たちが講師と小集団に別れて質疑や討論ができるようになるともっとよい。事前に学生たちが講師のキャリアをインタビューして、会社などを訪問するのもいいかもしれない。

社会的評価の高い企業に比較的早く内定した学生は共通して、文章を読み、書き、自分の意見をはっきり述べる力をもっている。要は手を変え、品を変え、繰り返し総合的な学力と人間力を養っていくことが大切である。

II　大学マネジメント

1 学習を支援する大学

一九九九年を境にして、志願者が競争しなければ入れない大学と定員割れ大学が一極化してきた。一八歳人口が横ばいの昨年と今年の入試状況は、二〇〇九年の一八歳人口が百二十万人時代へと突入する前の小春日和である。東京、大阪、京都などの伝統のある一部の大規模私立大学を除き、地方の私立大学はほとんど全入か定員割れになるだろう。いくつかの予備校の資料などを基に、地方私大の志願者数を比較してみると、八千名以上の志願者を集めていた大学は九七年には二一あったが、二〇〇一年には一三に減っている。少子化に、規制改革による大規模大学による寡占化、国立と私立の格差、研究中心大学の重点化政策などが拍車をかけ、地方の中小規模の私人にはますます厳しい経営状況になっている。

こうした状況の中で存続し、さらに発展していくには、私立大学はどのような大学をめざしていくのか、将来の方向を明確にし、方策を立てていかなければならない。

一九九七年に将来計画を策定するために「2020委員会」を設け、短大部の廃止と新学部の設置を決定し、全学的にカリキュラムを改正し、各学部学科の教育理念や目標を再確認し、再設定した。各学部とも設置されてすでに数十年経過しており、様々な議論があったようであるが、まず学科や専攻単位で議論をして、共通の認識をつくる努力をしてもらったことに意義があった。

大学には研究、専門・職業教育、市民教育・教養教育、社会的なサービスなど、いくつかの機能が期待されているが、大学全体としては、この中でもとくに教育に重点を置き、学生の学習を支援する大学づくりをめざすことにした。

こうした大きな教育改革とは別に、ＦＤ（教員集団の能力開発）を実施している。二〇〇一年の夏には、学科や専攻の代表を集めて、教育改革研修会を初めて開催した。ここ二年くらい、研修会を全学的に実施しても参加率が高くないので、学部よりも小さな単位におろしてみた。研修の内容は、学生の自己理解を深めるために行っている自己発見レポート、今年度初めて実施した学生の満足度調査、授業評価についての意見交換などであった。学部にとどまらず、学科専攻単位で学生の評価の相違を知ってもらい、改善に役立ててもらうことを目的としていた。学科の性格からすると高くてもよいはずの項目の評価が低かったり、教育の項目の評価が低い学部があったりして、満足度調査のデータは興味深かった。数値によって教育がすべて評価できるわけでもないが、数値化できるものは数値化し改善を図るのが望ましい。

授業評価は実施し始めて七年になる。この間、実施した教員の累計の比率は約八〇％。自主的に実施しない教員が二〇％いるという計算になる。二年前に一科目全員実施を提案したが、実施に至っていない。しかし、同じ頃から、全員実施をする学科や専攻が出始めた。教育学専攻は専任教員が担当する最低一科目の授業評価を実施し、授業評価や成績と受講者数の関係などを分析している。また、なぜ全員に強制しないのかという意見も出始めている。学生は授業評価をしてもどのように役立てられているのか、わからず、教員は学生たちがいい加減な評価をしていてそれを信用しないという悪循環に陥っている。結果をフィードバックし、教員と学生が一緒に授業をつくっていく視点が大切ではないか。

授業方法の改善のために、九八年度から授業参観を実施している。参観した教職員がアドバイスカードに評価できる点、改善した方がよい点など書き、実施教員並びに参観教員の授業改善の参考としている。授業改善のテーマは、年によって変えている。例示すると、教室のサイズとか講義内容の異なった科目の講義、マルチメディアを使った講義、パワーポイントを使った講義などである。四年間で授業を公開してもらった教員数は一五名、授業参観者は一一九名になる。この他、私大連が主催している「大学の教育・授業を考えるワークショップ」へ毎年、少なくとも各学部一名派遣し、これも累計すると三〇名近くになる。他大学の実態を知ることは、個々の教員の教育能力を開発するばかりではなく、改革を推進する役割も果たしている。この二つを合わせ、情報を共有するために、研修会の報告会を実施している。「継続は力」である。

ＦＤを全学的にしようとすると強制である、そうかと言って自主的にしない。できるだけ自発的に教育改革を進めるために、一九九九年度から新しい教育的な試みを募集し、予算をつけている。企業見学の実施、情報ネットワーク教育を行なうための研修、姉妹校のＦＤの実態調査、教員と学生のコミュニケーションを図るためのグループウエアの導入などが、今年度の主な事業である。二〇〇〇年度からは、教職員を対象にしたホームページやパワーポイントの研修会も、ＦＤの支援活動の一つとして行っている。

『教育研究活動白書』も今年度の新しい試みの一つである。従来の研究業績に、教育活動や学習支援進路指導、社会活動などの項目が新たに加わった。他の教員の教育活動が参考になる面もあるだろうし、教育活動を公開するとなると、教育に力を入れなければならないと感じた教員もいたはずである。

以上のような正課の授業を充実させる以外にも、学生の活動を勇気づけ、奨励する施策も重要である。一九九七年から文化・社会・体育などの分野で活躍した学生を表彰する制度を設けた。全国レベルの大会へ出場する際の旅費の補助制度、高額な用具の購入補助制度、指導者の派遣の補助制度などもつくっている。物心両面での援助は、学生の課外活動の実態を明らかにし、自分の活動が認められているという気持ちをもたせるのにも効果がある。

現キャンパスへ移転して四分の一世紀を経過し、施設設備が老朽化したので、積極的に改修している。約五億円かけて、百を超える部屋があるクラブハウスの全面的に改修し、空調設備を入れた。音楽練習室も改修し、数も増やした。学長になってクラブハウスを見る機会があり、あまりにも汚いので、部屋の管理について職員に尋ねたら、学生の自治だから入ったことがないという返事が戻ってきた。この問題は自治と別であるし、また、建設された当時はサークル活動の空間があるだけでよかったが、少なくとも現在の一般家庭と同じ程度の施設設備は整備しておくべきである。学生運動対策や奨学金業務を中心とする一昔前の学生部から脱却しなければならない。

次年度にはキャンパス内に約一〇〇名が宿泊できるセミナーハウスを建設し、学内の施設を合わせて使って、土曜日曜日にも研修できる体制を整える予定である。現在建設中の図書館は日曜日にも開館し、一〇〇台を超えるコンピュータを置き、そこで学習できる環境を整備し、意欲のある学生の期待に応え、その能力をさらに伸ばしていきたい。教育と学習は、ソフトとハードの両面から支えていかれなければならない。

二〇〇〇年度から始めた新しい事業に、各種奨学金の整備と充実がある。入学試験時の成績優秀者への入学試験スカラシップと入学後の成績優秀者に奨学金を給付する在学生スカラシップは各々一三〇名くらいに、毎年総額一億円を減免または給付する。外国人留学生への学費減免、三ヶ月以上留学する日本人学生への国際交流スカラシップ、交換留学生への奨学金は約七千万円。経済的に困難な学生には在学中無利子、卒業後は有利子の学習奨学金、保護者の失業や死亡の学生に修学奨学金、貸与と給付を合わせ一億四千万円。完成すると、三億円を超える奨学金総額となる。奨学金を給付した成績優秀者に使い道を聞くと、コンピュータや本を買ったとか、海外語学研修の参加費用などにあてたという答えがあり、意味のある使い方をしてくれていると安堵している。

正課の教育を充実し、学生の自主的な学習を支援していく。課外活動も大学における人間形成にとって重要であり、学生及び大学を元気にする役割を果たしているということを再認識する必要がある。これらの目的を達成するために、奨学金や各種の奨励制度、施設設備の充実が求められている。大学は各々、自ら置かれた状況を分析し方針を立て、それに基づいて改革を進めていくことによって成果を生みだすことができるはずである。

2 大学マネジメントの基本と手法

改革は有効であり、改革によって成果をあげることができる。しかし、成果は永続的ではない。絶えず改革をつづけていくしかない。

大学はグローバル化、情報技術革命という変化に対応し、リードする役割を果たしていかなければならない。そして、少子化の時代にあった大学のあり方をどのように確立していくのか。現在、日本は規制緩和・構造改革という大きな時代の課題に直面している。

国立大学の独立行政法人化、そして特殊法人改革に伴う私立大学への補助金のあり方を見直す動きなど、私立大学にも規制改革の波が押し寄せている。

大学への入り口では少子化が進み、二〇〇九年まで一八歳人口が減少していく。出口では効率化を求める企業による人員の削減と不良債権の処理に伴う企業の倒産などによって学生の就職がむつかしくなり、学費を負担する保護者の家計が苦しくなる。大学は少子化だけではなく、日本社会の構造変化によってさらに追い討ちをかけられている。

経営課題とその解決法は、大学が位置する都市の大きさと大学が置かれた歴史的な状況や大学の規模と関係がある。これから述べることは広島という中国地方の拠点都市に位置し、創立四九年、人文社会科学系の四学部、四研究科、学生数約六〇〇〇名、そして生徒数約二〇〇〇名の修道中学・高校が同一法人にある大学のケースである。

学長になって五年半の経験を基にして、大学マネジメントの基本と大学を変えていく方法を箇条書きにしてみた。

1　十分な入学者数が教育サービスを提供できる源である

私学の経営は定員の充足ができて初めて成り立つ。

本学は学生定員の一・一倍を基本として予算を立てているが、過去三年の入学者数は一・二倍を超えている。これは過去のデータを基にしながら合格発動をしているが、試験の多様化によって予測がむつかしく、結果的に多くの入学者があったということだ。合格発動は、各学部の入試委員会で検討し、その結果を全学の入試委員会において審議し、教授会において最終的に決定する。学部は少な目に合格発動をしようとするのに対して、学長は予算定員を確保してもらうようにお願いする。学部長が予算定員の確保に向けて協力してもらっている、この努力が現在の入学者数になっている。とは言え、入試委員会において作られた案は教授会において時には少なくなる。説得にも限りがあるので、予算定員が確保できなかった場合には追加の合格をすることになっている。

2　全学で共通した改革を実施する

毎年、比較的大きな入試制度を改革し、過去四年、志願者数は八〇〇〇名程度を維持し、昨年は八八〇〇名であった。一昨年は受験日自由制度、昨年から入学試験スカラシップ制度を導入した。受験日自由制度、つまり入試制度の改革によって志願者の増加につながると実感できた。

総数で志願者が減少していない西日本の文系の私大は数えるほどしかない。志願者数の確保、これが教職員の元気の源である。大学においてこれほど目に見える結果はない。

本学の大きさは中規模である。したがって、改革は四学部八学科が別々に進めるのではなく、全学で共通して実施するように心がけている。個々の学部が独自性をもつことも大切であるが、同時に中規模大学にとってはできるだけ共通化していくという努力も必要である。

全学的に始めた事業として、県内の大学間の単位互換、インターンシップ、資格取得講座などがある。インターンシップを例に取り上げると、各学部が特徴ある科目を開講し、他学部の学生も受講できるように全学的に合意している。

3　計画性を持つ

一九七四年に現在地へ総合移転をした。その後、講堂、温水プールと学生交流のための複合施設や二棟の講義棟を建設し、正門からのアプローチを整備してきた。資金は主に学債の発行や自己資金などによってまかなってきた。基本金への繰り入れは、建設の前年度から行なうという計画性のない状況であった。

最近では、まず計画を立て、基本金の組み入れをして施設を建てるように変えている。図書館の建設のために、毎年四億円を超える金額の積み立てをしている。

もう一つ、四〇年後までの建設計画を立てた。中学高校は借り入れをして校舎を建て替えつつある。大学はと振りかえってみると、減価償却、それも充分に行なっていない時期もあった。幸い、現キャンパスの土地を購入してあり、旧キャンパスの売却によって校舎を建設できた。次は、一気に建て替えの時期がくる。そこで、まず建物の老朽度を調査し、次に一〇年単位の建設計画を立て、二億円を超える基本金の組み入れを始めた（後掲の図II-2-1及び図II-2-2を参照）。現行の設置基準では新しい学部を設置する際には必ず建物を建てないと経費を充足できないので、この意味からも必要である。規制改革によりこの種の条件が緩和されて杞憂になれば、これにこしたことはない。必要に応じて計画の見直しをしていけばよい。

予定以上の入学者と経費の節減という二つの理由から財政に余裕がある。二〇〇二年度までに建物を積極的に改修整備し、新しい建物を建設している。言うまでもなく、施設設備の整備は教育を支えるためである。今まで不十分であった基本金の積み立てを二号だけではなく、三号も積極的に行なっている。現在、四年単位の将来計画を策定中である。

4　時代にあった教育組織をつくる

一八歳人口の減少に伴い、短大の定員が割れ、四年制大学にもこの波は及んでいる。大学設置基準も緩和され、入学定員の変更がなければ学科の新設も容易になっている。

本学でも夜間の短大部商科の志願者が減少し、その将来を検討した結果、短大の廃止を決めた。これに前後し、学部の教員数の再配分、学生定員の新学部への移動、契約教員制度の導入、教員の採用の原則的凍結などについて合意を形成した。学内で新学部の提案の募集をしたりもした。この過程において、残念ながら、学部の再編について当該学部に提案したが合意が得られなかったり、新学部の設置や教員数の新基準などについて一学部の賛成を得られなかったりした。しかし、最終的には三学部が定員を出して、現在、人間環境学部を申請している。検討し始めて申請に至るまで、約二年かかった。不足する標準設置経費（校舎）は図書館の建設によって充当した。

新学部の設置に際して、「時代や社会のニーズに対応した教育研究体制をつくること、地域社会へメッセージを送ること、時機を逸しないこと、全学的な協力を」という四つのことを学内構成員に訴えた。公平な教員数の配置基準の作成、そして学部長が全学的な見地に立って行動したことが新学部の申請に至った大きな理由だろう。

5　人事制度を見直し、職員の能力を開発する

学長に就任して職員一一〇名と面談した。この面談から管理職に問題があることがわかったので、外部に管理職研修を委託した。もう一つ、管理部門と教学部門の人事の異動が少なく、固定的であったので、両部門の積極的な人事交流を行なっている。人事異動などについて不公平感が強かったので、そのプロセスを明確化した。学長、副学長、事務局長、事務局次長、人事課長が人事異動や昇任昇格の原案を作成している。二〇〇一年からは管理職の自己評価、人事考課結果の公表、所属職員による上司の評価などを実施する予定である。学生の質の変化や入学定員の確保に関連して教員の負担が増えるにつれ、教学を理解し、経営に通じた職員の育成が急務である。業務に応じて契約や派遣で対応したりしてもいる。大学とは異なった風土の勤務経験をもち、すぐに働いてもらえるので、専任職員は中途採用を中心に行なっている。

教員の再雇用制度を見直し、契約教員制度を導入した。大きな論議があったけれども、理事である学部長の理解があって実施できた。早めに課題に取り組み、経過措置を設けて、教職員の理解を得るように努めている。

人事院勧告が低いことも加わり、人件費比率が下がっている。成果は数値で測ることができる。

6　教育の質的向上を図る

授業アンケート（授業評価）を実施し始めて六年が経過する。全専任教員の約七五％が一度は授業評価を受けている。教員の自主性に委ねているので、これ以上は数字的に伸びないだろう。授業参観も三年前から実施している。参加した教員の間では評価が高いが、なかなか広がらない。次のステップを検討しなければならない時期に来ている。

二〇〇一年には、全教員を対象にして研究業績だけではなく、成績評価、クラブの指導、就職指導など教育についても記載してもらった白書を作成中である。点検するに際して、まず教員の教育活動の実態を知る必要がある。次は、個々の教員の教育的な試みが成果をあげているかどうかをどのようにしてチェックしていくかが課題である。

より広がりを持たせるために、二〇〇一年度、教育改革研修会を学部長、学科、専攻の代表、教務部長、学生部長、就職部長、そして関係の職員に集まってもらって、自己発見レポート、学生満足度調査、授業アンケートなどについて意見を交換した。

7　改革をどのように進めていくのか

学校法人の運営形態によって、学長のあり方は千差万別である。学長は教員であるから教育の経験者であり、同時に経営者の役割も期待されている。私の大学では、学長は入試委員会、教員推薦委員会、予算建設委員会の委員長であり、大学評議会の議長でもある。理事会・常務理事会・評議員会と大学内の教授会や委員会、職員組織、学生などとの協議体など、分散的な組織にあっては、この程度の権限は学長にあってもよいと考える。

本学程度の規模と現状からすれば、担当理事制度をしくよりも学部長と連携・協力し、学長室と事務局を中心にした運営を行なうスタイルがいいのかもしれない。そのうち、余裕がなくなれば、もっと効率的な組織の運営を考えた方がいいのかもしれないが、現状では構成員を根気強く説得をし、決定するという方法しかない。

四月の全学教授会や職員会において、課題を提示し、途中でその達成をチェックし、それを実行に移していくという方法をとっている。また、各学部や各課単位でも課題とその達成状況を報告してもらうようにしている。

大学の広報誌の、「コミュニケーション」という欄に毎月、学長が今、大学の執行部が何を考えているのか、どの方向に進みつつあるのか、課題の進捗状況、折に触れ感じたことなど、率直に書くようにしている。一ヶ月はすぐ経ち、ときに何を書こうかと思案することもあるが、この欄が課題の共通化に貢献していることを願ってコンピュータの画面に向っている。

図II-2-1　現在のキャンパス

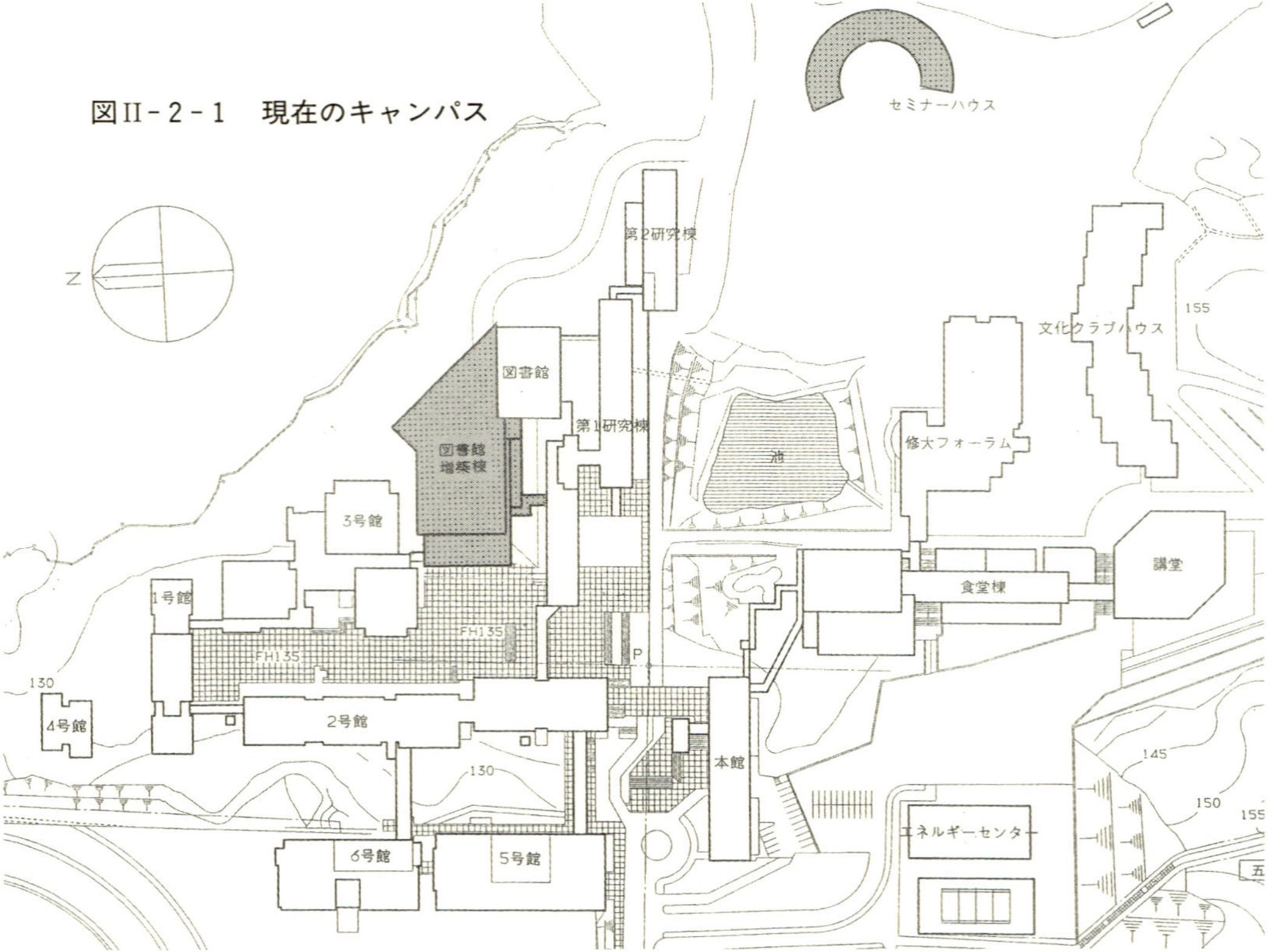

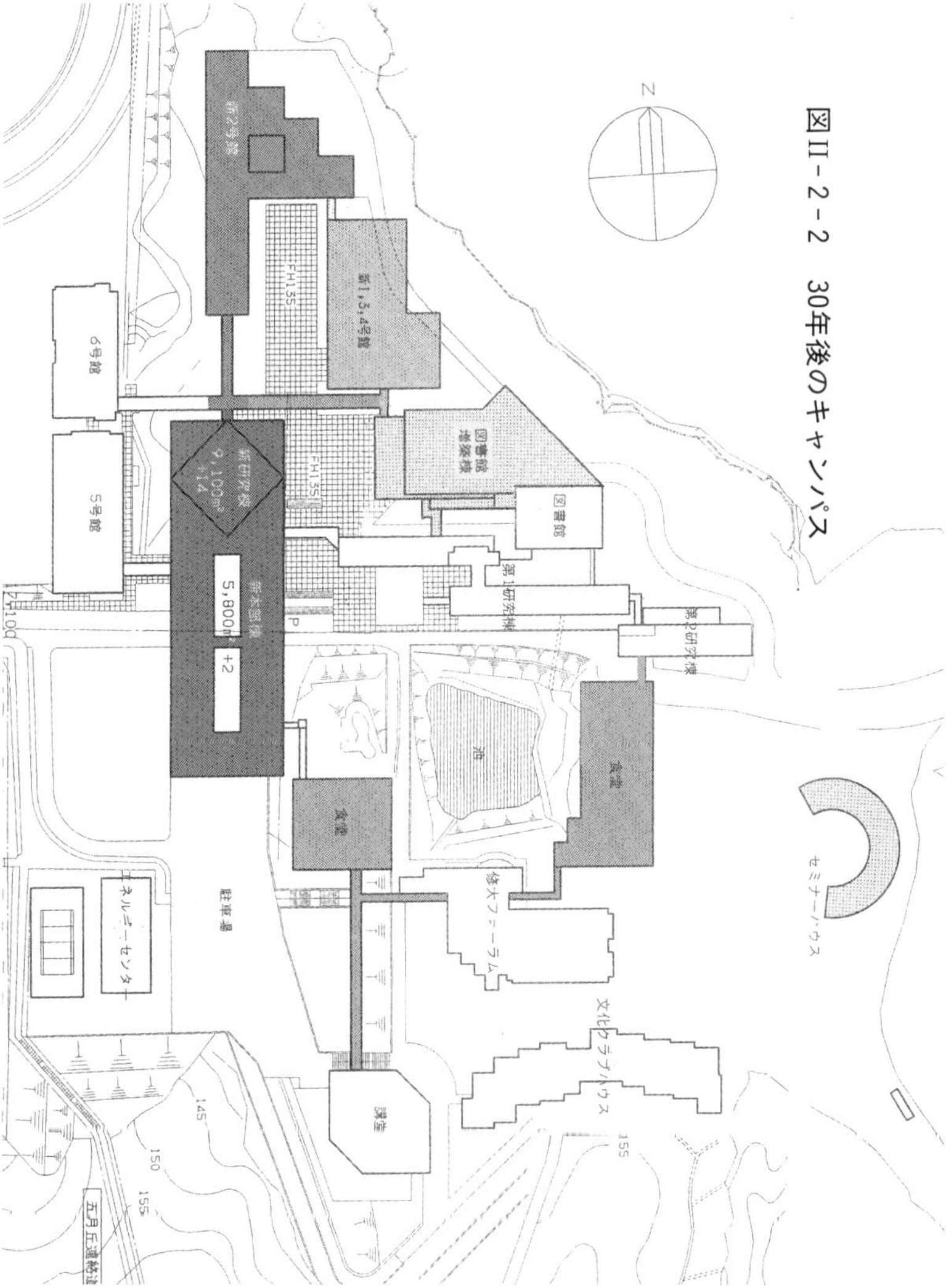

図II－2－2　30年後のキャンパス

3　ボーダー大学の入試政策と入学定員

1　入試改革による志願者の獲得

二〇〇〇年度から二〇〇三年度まで続いた一八歳人口一五〇万人時代は終わり、二〇〇四年度入試から一四〇万人台に入った。ここから二〇一〇年度入試まで一直線で一二〇万人まで減少していく。

二〇〇一年から二〇〇三年までの三年間は二〇〇九年に至るまでの小休止の時期であった。志願者数は**表II-3-1**のように増加したのも一八歳人口が横ばいであったからだ。定員割れ大学もこの三年間、一四〇大学程度で大きな変化はない。

二〇〇四年度大学入試センターの志願者は五八万七三五〇人であった。二〇〇三年度は六〇万二八八七人から一万五五三七人、比率で二・六％減少した。

毎年、いち早く速報を出している豊島継男氏が三月一二日現在、三四〇校を集計した志願者数は、**表II-3-2**のように対前年比五％減である。

センター入試の志願者は増えている。これには新しくセンター入試試験を利用した大学も加わった数字である。

表II-3-1　志願者数・定員割れ・志願倍率

年度	1998	1999	2000	2001	2002	2003	2004
志願者数　(万人)	313.4	283.9	282.9	289.9	307.3	316.1	301.4
入試センター志願者数(万人)	59.7	58.0	58.1	59.0	60.2	60.2	58.7
定員割れ大学数　(%)	35 (7.9)	89 (19.7)	131 (27.8)	149 (30.2)	144 (28.5)	147 (28.2)	160 (29.5)
志願倍率　(倍)	8.4	7.4	6.8	6.9	7.3	7.5	6.4
18歳人口　(万人)	168.0	162.2	154.5	151	151.1	150.3	146.5
入学者数　(人)	462227	461690	473023	476815	471109	466667	473733

注1)　私学振興事業団『月報私学』平成11年から18年度の私立大学・私立短期大学の入学動向、20、22、32、33、45、57、59、69号、107号（ホームページ）から作成した。
2)　入学者数は『文部科学統計要覧』平成15年版、「平成15年度国公私立大学入学者選抜実施状況の概要」（文部科学省のHPにある報道発表一覧）から作成した。
3)　志願者数、定員割れ大学、志願倍率、入学者数は私立大学の数字である。

表II-3-2　志願者数

年度	2004	2003	増減率(%)
私立大学　(人)	2439504	2568187	95
(一般入試)	1835728	1980266	92.7
(センター入試)	603776	587921	102.7
(一般入試後期)	167281	189447	88.3
国立大学	407629	427263	95.4
公立大学	126606	138147	91.0

注）『都市型大型大学に大幅志願者減』分析豊島継男、発行進研アド、2004年3月16日

志願者数の面では、国公立大学の入試科目が五教科七科目となったことは国公立にマイナス、センター試験の主要科目の平均点上昇は私立にマイナスに働くと考えられた。結果的には公立大学にマイナスに働いた。受験生は確実に合格できる大学が計算できるようになって受験校数を減らした（併願率の低下）と見るのが妥当である。

私立大学の志願者数のベスト10は早稲田の一一万三五三二名、立

図II-3-1　私立大学の３極化

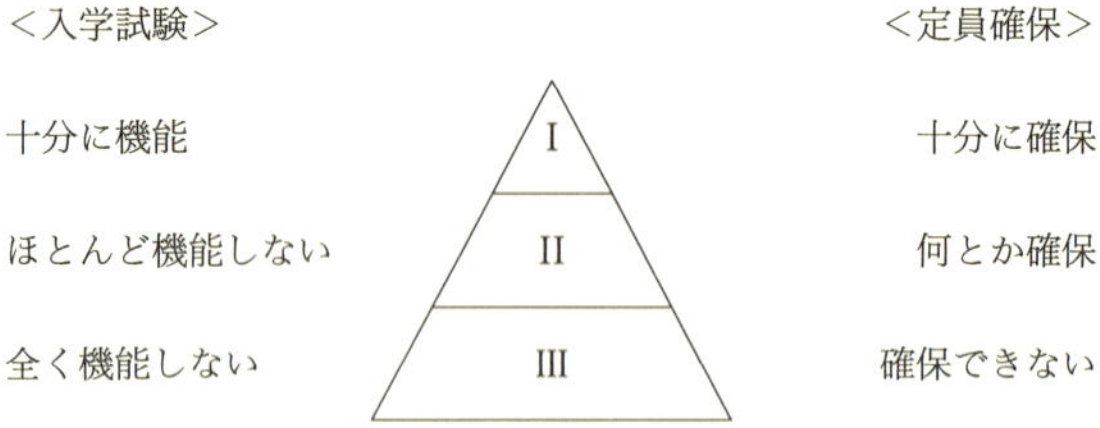

命館の一〇万五四〇七名、法政、日本、関西、中央、近畿、東洋、東京理科大学とつづき、昨年と同じ順位である。五年前の二〇〇〇年と比べても順位の変動は多少あるが、上位一〇校の大学の顔ぶれは変らない。

上位二〇校に範囲を拡大して志願者数の増減率を見ると、二〇〇四年度は〇三年度の九四・五%である。全体の減少率とほぼ同じである。しかし、五年前と比べると、まだ一〇%増えている。

北海道、東北、中部、中四国、九州（福岡）地域の中核的大学の中で五〇〇〇名の志願者数を超える大学は一八大学あり、対前年比九四・二%である。大規模私大とほぼ同じ減少率といえる。しかし、地域によって減少率の差があり、中部の九二%に対して福岡はほとんど減っていない。

平均の減少率で見ると、地域中核大学は東京・京都・大阪の大規模大学と遜色がない。しかし個々の大学の減少率で追っていくと、対前年比八〇%台の大学は、大規模大学が二〇校中三校に対して地域中核大学は一八校中七大学である。より後者の大学の減少幅は大きい。このような傾向は今までも見られた減少であるが、今後、ますます強まっていくに違いない。

二〇〇九年、一八歳人口一二〇万人時代の大学は入学試験と定員を軸に置いて考えるとどのような姿になるのだろうか。

『Between』の足立寛編集長（当時）は「競争的環境が今後も維持できる大学群（COMPETITIVE）と、全入状態になった大学群（OPEN-DOOR）、そしてその中間層に位置し、選抜方法などを多様化し、それぞれの方式にあった受験生を選択していくことで競争的環境を何とか維持できる大学群（SELECTIVE）」の三つの層に大学を分類している（足立寛「教育産業から見た大学入学者選抜」『IDE』二〇〇二年一〇月号。足立氏の小論から着想を得、教えられている点が多かった）。

足立氏の競争と全入に大学を分ける分類は、基本的に的を得ている。しかし、足立氏の言う全入大学ははっきりと定員割れ大学と呼んだ方がいいのではないだろうか。競争的大学と定員割れ大学の中間に年度によっては競争を維持できたりできなかったり、学部学科によって競争を維持できたりできなかったりする大学、私の言う全入大学を置くのがいいのではないだろうか。おそらく私立大学においては図II-3-1のように、〔I〕入学試験が競争的機能を果たす競争的大学、〔II〕試験を受けたとしても全員が入学できる全入大学、〔III〕試験が全く機能せず定員の充足ができない定員割れ大学の三極化していく。

競争しなければ入れない大学にとっては、志願者数よりも学生の質の確保が目的である。定員割れ大学には入学定員の確保が最重要課題である。

全入大学にとっては入学定員の確保だけではなく志願者の確保も必要である。いったん定員割れの大学の仲間に入るとそこから這い出すのはむつかしい。一旦不渡り手形を出した会社の信用不安があっという間に広まるのに似ている。現時点では、全入大学の入試にはまだ選抜機能があるが、競争的大学の側に残れるのか、定員割れ大学に入るのか、微妙である。

志願者の減少に伴って、志願者数を維持あるいは増加させるには何をすればいいか、入試の方法、教育内容、将来の進路の充実や強化など多様な意見がある。これらのうちいずれか一つを改革すれば、他に何もしなくてもよいわけではない。全入大学にとっては、志願者数を入試方法の工夫によって維持し、減少を最小限に食い止めていくことは可能である。

志願者数の確保のためには各種の入試の方法がある。

志願者数は入学試験の方法の工夫によって得られた見かけ上の数字であっても、大学の評価、あるいは対外的なイメージとしては意味がある。

志願者数は大学の構成員にとって元気の源でもある。

2　入試政策

右肩上がりの時代には入試政策はなくても志願者は集まる。一八歳人口二〇〇万人時代には心配するのは志願者を収容する受験場の確保くらいだろう。入試バブルの時代である。

競争的大学の入試科目は二〇年、三〇年前とほとんど変っていない。入試科目構成と方法においてバラエティに富んでいるのは、全入大学である。どのような考え方に基づいて入試を実施するのか、今、自分の大学はどこに位置するのか、などを点検しなければならない。ここでは志願者の確保の心配をする必要のない競争的大学を除き、全入大学を対象にして入試政策・戦略・計画について考えてみたい。

(1) 入試への戦略的取り組み

入試方法は志願者数を見ながら段階的に変えていく。四月初めまでには次年度の入試要綱を発表しなければならないので、入試制度を検討する時間は短い。人文社会科学系学部をモデルにして考えてみる。

①第一段階では、三教科（英語国語それに地歴公民数学）を維持しながら、志願者の得意科目を評価する科目構成を取り入れる。大学の側からすれば少なくとも三科目くらいは勉強して欲しい、しかし受験者数も確保したいというのが本音である。

試験科目は三科目で、志願者が自分で二〇〇点、一五〇点、一〇〇点の得点を選択する。三教科の維持が困難になると、次の選択肢として三教科を受験させるが、高得点二教科という方法がある。各教科とも一〇〇点で、二〇〇点満点である。

このベスト二方式は実質的に二教科入試であるが、三教科を勉強して欲しいという大学側の期待が込められている。

このタイプの入試では、現時点での募集定員は多くない。

センター入試ではこのような多様な方法を取っている大学は少ない。

推薦入試でも出願資格の評定平均値を下げ、応募できる範囲を広げていく。AO入試も一つの方法だけではなく、複数の方法を取り入れる。志願者の評価できる点があればできるだけ評価していく。

高校が大学に対してどのようなニーズをもっているのか、志願者・入学者が多い高校に意見を聞きながら模索をしていく。本格的な準備学習に備え、キャンパスに合格者に来てもらって、大学への親しみや勉強をする意欲を高めていく。

②三教科の維持がいよいよ困難になってくると、第二段階に入る。二教科あるいは一教科入試である。三科目を範囲にしながらも各科目から出題し、志願者がその中からいくつかの問題を選択するような方法もある。

センター入試は次第に維持が困難になっていき、廃止せざるをえなくなる。

評定平均値をつけた推薦入試では志願者が集まらなくなる。推薦入試をするとすれば、少しでも長所のある生徒を推薦してもらう方法に変えていく。推薦入試とAO入試を合体し、AOを八月から一二月頃まで毎月実施していく。選抜試験が実施できなくなる第三段階に備え、高校や高校生の実態を把握するために、高校において定期的に講義をするのはどうだろうか。総合学習などをはじめとして高校と連携できるテーマがあればしていく。

大学に通える合格者を対象にして準備学習を実施する。場合によっては一泊学習などを実施してレクリエーションも取り入れ、大学への親近感も醸成していきながら、大学で勉強法を学んだり、意欲を増していく。

③第三段階では定員の確保が最重要になる。選抜が不可能になり、試験は志願者の学力や意欲を確認するための手段になる。

ＡＯ入試を早期に実施して志願者の意欲を確認したり、大学に入って何が勉強できるのか、理解してもらう。高校長や高校教員の定年退職者、職員をＡＯ入試専属として、高校周りをする。志願者を発掘したり、遠隔地では第一段階の面接をする。

さらに第三段階の次には、後に述べるように、学生定員の削減も視野に入ってくる。第三段階の大学がどのようになっていくのか。短大の現状が、この段階の大学をイメージするのに役立つ。

リクルートは未充足率の比率の高かった二〇〇一年度に四四九私立短大を対象にしてアンケート調査をしている（『２００１　入試実態調査』）。

定員の充足率をみると、充足している短大は約四分の一（二五・九％）、未充足が三七・六％、未公表が三三・二％である。未公表と未充足を合わせると、全体の四分の三になる。

志願者数は一九九二年と二〇〇一年を比較すると、八六・三万人から一八・五万人に減少し、比率では二一・五％までの規模に縮少している。

入学者は推薦入試合格者が七三・一％、ＡＯ入試入学者は一四・七％を占めている。この二つのタイプで九〇％弱を占める。指定校については実施していると回答した短大が約七〇％あるが、内容についてはよくわからない。一般入試は機能しなくなり、推薦とＡＯ入試によって入学者を確保している。合格率も推薦は九三％になっており、一般入試の六〇％と比べ、効率的である。

予測できることであるが、推薦入試の方法の研究が重要になってくる。

(2) 個々の入試方法と定員の点検

多様化しているのは入試科目にとどまらない。

一月、二月、三月と毎月一般入試を実施している大学。

三月に実施せずに二月の第一週に三教科で二回、二月の第三週に二教科で実施している大学。

二月を前期と後期の二回に分けて実施し、三月にも実施している大学。

三月入試は全入大学ではほとんど実施している。

新しい入試方法の導入について議論すると、入試回数が多くなって必ず研究ができないという意見が出てくる。大学が存在してこそ研究もできる。今よりも負担が減るということはない。

学生定員は一般入試やセンター入試から次第に指定校、推薦、AO入試に移していく。どのように移していくのか、毎年、試験の結果を踏まえ、時には個々の入試方法の定員が充足できなくなってからではなく、事前に予測して定員を動かす。

(3) 将来計画

三年単位でどのようなシミュレーションが可能か、表II-3-3のような予測表を一年単位で作成してみる。自分の大学はどこに位置しているのか、次に何をしなければならないのか。早く実施すれば、試行錯誤もできる。少子化の時代にあった入学システムを開発していく。そのためには難易度の上位、同程度、下位の大学の入試方法を絶えずモニターしておかなければならない。将来のためには下位校や短大の入試方法を見ておくことも有意義である。とくに入試課の職員にはこのよう

表II－3－3　入試の形態と段階

<table>
<tr><th>実施年</th><th>2004年</th><th>200X年・第1段階</th><th>200Y年・第2段階</th><th>200Z年・第3段階</th></tr>
<tr><td>入試の目的</td><td>選抜</td><td>選抜（倍率2倍台）</td><td>選抜（倍率1倍台）</td><td>定員の確保</td></tr>
<tr><td>難易度</td><td></td><td>５３－４８</td><td>４６－４０</td><td>BF</td></tr>
<tr><td>一般入試</td><td>３科目
２月実施</td><td>３科目配点自己選択
３科目２科目高得点
２月、３月</td><td>２科目
１科目
1～3月</td><td rowspan="2">論述
面接
調査書
１、２月</td></tr>
<tr><td>センター入試</td><td>１、３月</td><td>科目や配点の見直し
１～３月</td><td>廃止（実施しても入学者は確保できない）</td></tr>
<tr><td>推薦入試</td><td>英語１科目、論文による入試
（11月）</td><td>出願資格の評定平均値を下げる
（11月）</td><td rowspan="2">評定平均値の廃止
推薦とＡＯの統合
志願者の多様な能力の評価
８～12月</td><td rowspan="2">意欲の確認と育成。早期に入学を決定し、大学への入学意志を持続させる。
8～3月</td></tr>
<tr><td>ＡＯ入試</td><td>10月</td><td>多様なAO入試
10月</td></tr>
<tr><td>指定校</td><td>一定の推薦基準に基づく試験</td><td rowspan="2">高校との提携の模索（入学者の多い高校のニーズを把握）</td><td rowspan="2">高校との提携強化
定期的な講義の実施</td><td rowspan="3">大学が高校の協力を得ながら教育</td></tr>
<tr><td>高校との連携</td><td>出前講義</td></tr>
<tr><td>入学準備学習</td><td>レポートの提出</td><td>12月から３月まで月１回の講義</td><td>準備学習の単位化
添削講座</td></tr>
</table>

注）難易度は代々木ゼミナール編『2004年度　入試難易ランキング』2003年を参照した。この本では「複数の選抜方法を実施する私立大学」が特集されている。

な意識を持つことが求められている。

3　全学統一入試政策と入試方法の検証

全学で統一された入試方法は、入試の出題や採点、広報の観点から見て重要である。

全学的な入試方法として受験日自由選択制がある。併願率を高め、志願者を増やすという点では効果がある。

受験料を軽減して併願率を高める方法もある。一般入試とセンター入試を同時に受験する場合には中央大学のような伝統校でさえも、一般入試の受験料だけで受験できる制度を作っている（一般入試の専攻料は三万五〇〇〇円、センターは一万五〇〇〇円または一万九〇〇〇〇円）。

志願者の学習意欲を刺激するためにスカラシップ入試を実施している大学も増えている。しかしこれがどの程度志願者増と結びつくのか、よくわからない。

このような財政的な裏づけのいる方法は一学部単独では実施できず、全学的な合意が必要となってくる。

全学的な入試データの収集と分析、入試ごとに入学後の成績などとの相関関係については、絶えず調査されるべきである。どこのセクションも業務は増えているので、WHAT—HOW—DO—CHECKの流れの中で、年間のスケジュールの中に組み込んでおかなければならない。

入試データは全学だけではなく、学部学科専攻単位でデータを作成して、学部の構成員に、負担があっても各種の入試を実施しなければならない状況をよく理解できるように提示する必要もある。これは経営的な観点からも学科が存続できるかどうかを判断する上でも必要である。

こういった作業を入試課、教務課、教員が相互に協力していく態勢の下に行なっていかなければならない。

4　経営と教育の接点を求めて

「上位国公私大と、それ以外の大学との開きがますます大きくなった」「就職のことを意識する受験生が増え、少しでもレベルの高い大学、名の知られた大学へと目が向くようになった」（「漠然と将来をイメージしてより有名校へ」『カレッジマネジメント』二〇〇二年五月、一一四号、リクルート）。国公立大学、全国的に知名度があり大都市圏の伝統がある大規模私立大学へと学生が吸引されていく流れは変らないだろう。

過去最も定員未充足の比率が高かったのは、二〇〇一年度の一四九大学（四三九大学のうち）、三〇・二％である。これから二〇〇九年度まで毎年定員割れ大学は確実に増加していく。

学生定員の充足は、財源を学費に依存している日本では、経営上最も重要な事項である。定員未充足の比率が高くなれば、立志館大学のように経営破たんに陥る。立志館は四年制大学を開設し、三年間で定員の三割しか充足できず、二〇〇二年四月から募集停止し休校に追い込まれた。

他方、教育に目を転じてみれば、近年、どの大学にも今までなら入学できなかった学生がいる。そのため学力や意欲の低い学生にあわせた教育をしたり講義の準備に時間がかかり、次第に重い負担となっている。現在行われている三〇〇名、四〇〇名とかの学生を大教室で一方的に話をする講義形式も困難になっている。事務レベルでも学生の対応にずいぶんと時間がかかるようになっている。これらの学生がそのまま卒業していくと、大学の評価を落とすことにもなる。

定員充足の方法としては一〇％程度の留学生を受け入れる方法もある。入学定員　〇〇〇名で一〇〇名、二〇〇〇名で二〇〇名くらいの人数になる。四年間を総計するとそれぞれ四〇〇名とか八〇〇名となる。文部科学省の留学生政策の変更によって従来のような補助も期待できない。定員の一〇％は難しいかもしれないが、五％くらいならば受け入れは可能だろう。中国の巨大な高等教育市場を考えると、中国の日本語学校と提携して学生をリクルートするのは、教育体制や宿舎などの受け入れ態勢を整備すれば一つの定員充足の方法である。

経営のためには学生数を維持しなければならない。しかし、学生の質を考えると今までのような数の日本人の学生を入学させ、教育できるのか。経営と教育の接点をどこに求めるのか、大きな問題である。

そもそも入試の競争率が一倍台の大学は二、三年内に定員を充足できなくなる可能性がある。すでに述べたように定員を充足する努力をしていくのは当然のことだが、同時に定員の見直しを進め、適切な定員とは何名か、考える時期に来ている。

三、四年単位の中期の財政計画を立てる際には、あらかじめ予算定員を低く設定しておくべきだ。学生定員の一・二倍の大学は一・一倍に、一・一倍の大学は定員にすることを実施すべき時期に来ている。このことが事前に定員未充足を防ぎ、学生の質を維持する方法でもある。

独協大学は、在学生の入学定員を一・一倍に近づけるために二〇〇三年度から毎年の入学実員を抑制していると言う。理由は「①一八歳の人口の急減、②国立大学の法人化にともなう国公私立大学間の競争激化、③財務力、教育力、就職力、研究力が第三者機関によって総合的に評価される時代」などである（湯田雅夫「獨協大学の学生募集戦略」『ＩＤＥ』二〇〇四年二月号）。二〇〇二年度、二〇〇三年度の志願者が二〇〇一年度に比べ一・五倍に増えている獨協大学においてさえも、このような方針を採っている。

場合によっては教育できる学生数や大学の評価を視野に入れて、一〇％程度の定員減も財政計画に入れるべきだ。学部や学科の再編成に伴う人員減も三、四年単位であれば、教職員の退職に伴う自然減によって対応できる。

入試結果を基にして、経営と教育の関係を見直し、適正な経営規模とはどの程度か、再考すべき時期に来ている。

4　三〇年後を展望した大学改革

1　分析の前提

一九九六年度から二〇〇一年度まで、西日本の中核的な私立大学である広島修道大学の学長をつとめた。この六年間に行なった大学改革を分析し、検証するのが、この小論の目的である。四学部八学科、学生数約六〇〇〇人において、何を改革し、どのように改革を進めたのか。そして約四年経過した現地点に立って、改革は評価できるのか、評価できないのか。

改革課題や改革の進め方は、大学の規模や時期などによっても異なるが、大学改革のヒントになる点があると思われる。

すでに多くの大学では、全入時代に備え、基礎的な改革を終え、一八歳人口一二〇万人時代に向かって改革の最終段階にある。大学としての特徴を明確にし、何にエネルギーを注がなければならないのか、よりはっきりとさせなくてはならない時期にきている。

本題に入る前に、一九九六年から二〇〇一年度までの大学全体の経営環境を説明しておきたい（表II-4-1参照）。

一八歳人口は一七三万人から一五一万人台へと減少した。定員割れ大学は九八年度を境に約二〇

表II-4-1　入学試験の状況(全国)

年度	大学数	定員割れ数(%)	入学定員	志願者数	入学者数	定員充足率(%)
1996	425	23 (5.4)	382404	3529504	455540	119.1
1997	439	35 (8.0)	392761	3292718	461574	117.5
1998	451	89(19.7)	403177	2983483	461109	114.4
1999	471	131(27.8)	415156	2822827	472011	113.7
2000	493	149(30.2)	419800	2899815	477544	113.8
2001	506	143(28.3)	423279	3073526	481832	113.8

注）　私学振興事業団『月報私学』1996年から2001年度までの私立大学・私立短期大学の入学動向から作成した。

%になり、二〇〇〇年度には三〇%を超えたけれども、二〇〇一年度には志願者数は前年度よりも約一七万人増え、小休止の時期であった。

分析の対象とする広島修道大学の学部数は九六年度までは三学部六学科、九七年度から四学部八学科の人文社会科学系の大学である（二〇〇二年度からは五学部九学科）。入学定員一一八五名、教員一六二名、職員一一九名（一九九八年度、契約教員・職員を含む）。

修道学園は浅野藩の藩校に起源を有し、ここから数えると二八〇年近くになる。広島修道大学は修道中学校と修道高校を母体にして、まず短期大学として一九五二年に設立された。その後、一九六〇年に四年制大学（広島商科大学）を設置し、一九七四年に広島市内中心部から車で一五分の現在地へ総合移転するとともに広島修道大学へと大学名を変更した。

2　改革の進め方

(1)　改革の特徴

最初に、どのような分野の改革を行なったのか、はっきりさせる

表II-4-2　大学改革

年度	財政・将来計画	点数	施設設備	点数	組織	点数	人事	点数
1996年度 組織と人事の改革			6号館の竣工	3	部局長・課長と会議(次年度の課題)	3	I1 課長との面談	3
			(情報センター6号館へ)		機構改革(委員会の委員削減)	1	I2 全職員との面談	3
			食堂の改修	2	共通教育委員会の設置	1	I6 職員の人事異動(30%以上)	3
			パソコンを全職員へ	1	I4 大学院に教務、学生委員会	1	契約職員制度	2
					経済科学部の申請	1	業務委託の制度の導入	1
					I3 国際交流センターへの改組	1		
1997年度 組織と財政の基盤整備	II2 図書館建設先行組み入れ開始	3	建物のバリアフリー化	1	経済科学部の発足	3	II1 管理職研修(リクルート)	3
	(約4億円)				II3 組織改革の検討を始める	3	II2 教員の再雇用制度の見直し	3
	II2 学費の値上げ幅を2.5万円へ下げる	3			国際交流センターの移転	1	教授昇格を40歳から38歳へ	1
	II2 大学院の在学料を3年目から1/2へ	1			入試センターの移転	1		
1998年度 20世紀の修道大学からの訣別	III1 2020委員会の設置	3	建物の老朽度調査	3	短期大学部の廃止(学内で決定)	3	啓明大学で在外研修	3
			倉橋セミナーハウスの返還	3	財務課、図書館は1課に	1	III2 職員人事制度の改正	2
			マルチメディア教室の設置	1			(職員部長制の創設など)	
			図書館システム(OPAC)導入	3				
1999年度 21世紀の大学の基盤づくり(1)	国際交流基金	3	IV1 校舎の立替計画	3	白書の発行	3	契約教員制度	3
	教育助成基金	3			IV1 短期大学部の廃止(理事会で決定)	1	セクシャルハラスメント防止規程	1
	学費の据え置き	1			IV1 経済科学研究科の申請	2		
	予算の積み上げ方式	1			IV1 新学部の検討	1		
					(第1案は合意に至らず、第2案へ)			
					教員の補充を一時凍結	1		
					契約教員の採用	1		
					専任教員数の新基準	3		
2000年度 21世紀の大学の基盤づくり(2)	退職金積み立てを60%に	2	図書館の建設開始	3	経済科学研究科の設置	1		
	セミナーハウスの積み立ての開始	3			V1 人間環境学部の設置へ	3		
	(1億5000万円)							
	理事長交代							
2001年度 02年度から05年度迄の中期計画	VI3 貸与奨学金制度の変更	3	セミナーハウスの設計	3	VI5 人間環境学部の設置認可	1	特別研究員規程	2
	国際交流基金(3号、開始)	3	クラブハウスの改修	3	経済科学研究科博士課程	1	VI2 人事考課結果の公表	2
	学生生活助成金(3号、開始)	3	本館などの大規模な改修	2	新学部の発足に伴う組織と人事	1		
	(2005年までに総額各5億円)				広報の電子化	2		
	退職金の積み増し(補正予算)	1						
	指定奨学金制度の発足	1						
	(個人名を冠した表彰制度)							
	校舎の建て替え計画	3						
	(毎年2億6600万円、2号基本金)							
	分煙化に向けて	1						
	VI4 将来計画策定	3						
	エデュース(事業会社)設立へ参加	2						
総計		43		31		41		32

表II－4－2　大学改革（つづき）

年度	教育研究国際交流FD	点数	学生支援	点数	入試	点数
1996年度 組織と人事の改革	I 5 大学改革研修会 I 5 教員一覧の発行 I 5 啓明大学（韓国）との学生交換 I 6 国際シンポジウム	3 1 3 2				
1997年度 組織と財政基盤の整備	授業参観 広島県高等教育機関等連絡協議会結成 韓国海外セミナー 韓国交換留学生の受け入れ	3 3 1 1	II 4 学長表彰制度	3	留学生試験（1月に実施） 大学入試センター利用入試（前期） 一般入試にマークシート方式	1 3 1
1998年度 20世紀の修道大学からの訣別	単位互換制度(県内)	3	課外活動援助金制度(用具)	2	指定校推薦入試	1
1999年度 21世紀の大学の基盤づくり(1)	IV2 インターンシップ 資格取得講座の開始 ノートパソコン貸出制度	3 3 1	資格取得表彰制度	3	大学入試センター利用入試（後期） IV3 試験日自由選択制	2 3
2000年度 21世紀の大学の基盤づくり(2)	共通教育のカリキュラムの改正	3				
2001年度 02年度から05年度迄の中期計画	VI2 教育理念 教育充実のための予算 高大連携事業協定締結 VI2 韓国啓明大学の日本セミナー VI3 教育改革研修会	3 3 3 3 3	VI1 在学生スカラシップ制度 国際交流スカラシップ制度 受け入れ交換留学生奨学金	3 3 2	AO型自己推薦入試 VI1 スカラシップ入試	2 3
総計		45		16		16

注）　ローマ数字、例えばＩ2は本書II5コミュニケーションの文章の中で説明している。

ために、改革した事項を「非常に重要」を3点、「やや重要」を2点、「普通」を1点として点数をつけてみた。改革した事項、点数及び結果は表II-4-2、表II-4-3の通りである。

①事業別

事業別に六年間を見ると、表II-4-3のように、取り組んだ事業は教育研究国際交流FDの点数がもっとも高く、財政・将来計画、組織・業務、人事改革とつづく。財政から施設、組織、人事までの点数を加えるとおよそ三分の二、教育研究、学生支援、入試などの教学事項が三分の一になっている。

②実績は隔年になっている

年度別に見ると、三年目以降、実績は隔年になっている。計画を立てて実施するのは次の年になるからだろうか。一年の平均を出すと、三七・三点であるが、二年単位で見るとほぼこの平均値に近い数値になっている。学長選挙が行なわれた翌年にあたる二〇〇〇年度は極端に少なくなっている。

(2) 何を改革したのか

一年目は前任者からの引継ぎ事項が多い。とはいえ、何から取り組むかは学長の選択による。点数から見ると、初年度は人事関連改革が三分の一程度を占めている。職員の意識の把握、人事異動による組織の活性化、そして雇用の多様化（職員）などである。「②職員の面談」は、職員組織及び職員管理職を中心にした改革の出発点になった。

表II-4-3　実施事業

年度	財政将来計画	施設設備	組織・業務	人事	教育研究国際交流など	学生支援	入試	年度計
1996	0	6(17.1)	8(22.9)	12(34.3)	9(25.7)	0	0	35(15.6)
1997	7(17.9)	1 (2.6)	8(20.5)	7(17.9)	8(20.5)	3 (7.7)	5(12.8)	39(17.4)
1998	3(10.7)	10(35.7)	4(14.3)	5(17.9)	3(10.7)	2 (7.1)	1 (3.6)	28(12.5)
1999	8(19.0)	3 (7.1)	12(28.6)	4 (9.5)	7(16.7)	3 (7.1)	5(11.9)	42(18.8)
2000	5(33.3)	3(20.0)	4(26.7)	0	3(20.0)	0		15 (6.7)
2001	20(30.8)	8(12.3)	5 (7.7)	4 (6.2)	15(23.1)	8(12.3)	5 (7.7)	65(29.0)
事業別計	43(19.2)	31(13.8)	41(18.3)	32(14.3)	45(20.1)	16 (7.1)	16 (7.1)	224

注1)　事業別計の２２４は総点数であり、(　) 内は総計に対する割合である。
　2)　下線はその年度において事業別にみて、もっとも比率の高い数値を示している。

四分の一程度は組織改革（委員会の整理と統合）である。新学部の設置もあり、組織を変えて業務に取り組むという考えである。

二年目は「組織と財政基盤の整備」の年と位置づけている。財政将来計画、組織、人事、教育研究がほぼ同じ点数で並んでいる。財政が入ったのは、四年間の授業料を一括して新入生に提示しなければならなかったからである。図書館建設のための経費積み立ての開始、管理職研修、教員の再雇用制度の見直し、広島県高等教育機関等連絡協議会の結成など、大きな事業・改革の基礎となる事業が目白押しである。いずれも六年間の改革の基礎となった事業や、振り返って見ても重要な事項が並んでいる。

三年目は、九八年度中に短大の存廃について結論を出すことが当初から決まっており、短大の廃止を学内で決定した。比率としては、施設設備が三分の一強になっている。学長になって必要性を感じて取り組んだ事業（建物の老朽度調査・図書館検索システムの導入）とセミナーハウスの管理人が辞めるので、これを機会に利用者が少なくなったセミナーハウスを倉橋町に返還しようという、予定外の対応などである。

四年目は、第1期の最後の年にあたり、長年の懸案であった短大の廃止とそれに代わる新学部設置の見通しが立った年である。財政・将来構想と組織・業務をあわせ、二分の一弱の比率を占めている。将来構想を策定する際に基礎となる財政状況の共通認識を作るために、報告書を作成した。新学部案を学部内で公募し、二つの案を作ったが、第一案は合意に至らなかった。新学部の見通しができるまで教員の採用を凍結するとともに、雇用形態を多様化させるために規程整備を行なう方針を確定した。学部間の教員数が均衡化するために、全学的に学部教員数の新基準を作った。二〇三五年までの校舎の建て替え計画を立て、将来を見据え、基金を新しく作り始めた。

五年目は、二期目の任期に入った年であり、全体として事業は少ない。新学部の設置の承認をうけ、申請に必要な具体的な作業をした。新学部は教養教育グループを母体にしたので、共通教育は全学で担うことにし、学部ごとに提供科目数を確定した。

最後の**六年目**は、三分の一弱が財政・将来計画である。将来計画を策定し、教育理念を見直した。『広島修道大学の将来構想―改革・理念・目標（二〇〇二年～二〇〇五年）』にまとめた。校舎の立て替えのための基金の積み立て（三号基本金）、国際交流基金、学生生活助成金（二号基本金）など、将来を考えた基金の積み立てである。また増え続けていた貸与奨学金に変えて新制度を作った。人間環境学部の設置認可、在学生スカラシップなど、この年は改革の総仕上げの年となっている。

(3) 組織変革の観点からの検証

ジョン・コッターは『リーダーシップ論』(ダイヤモンド社、一九九九年、一四―一五頁)の中で組織変革の八段階について述べている。

① 危機感を醸成する
② 変革プロセスを主導できるだけの強力なチームをつくる
③ ふさわしいビジョンを構築する
④ 構築したビジョンを組織内に伝達する
⑤ 社員がビジョン実現に向けて行動するように、エンパワーメントを実施する
⑥ 信頼を勝ち取り、批判を鎮めるために、短期間に十分な成果を上げる
⑦ 活動に弾みをつけ、その余勢を駆って、変革を成し遂げるうえでのより困難な課題に挑む
⑧ 新しい行動様式を組織文化の一部として根づかせる

多くの示唆に富んだ八つのプロセスであり、コッターは順序の重要性を説いているが、この通りに改革が進まなくてもよいのではないか。

広島修道大学の改革をコッターの順序に対応させながら、改革事項を整理してみた。( )内の①②などの数字はコッターの八段階の数字である。

危機感の共有と改革風土の醸成（①⑥）

危機感の醸成という点では、一般入試において毎年実質志願倍率が下がっていった。九七年度と九八年度に一倍台の学科が出て、九九年度には全学で実質倍率が一・九倍になったことに対する危機感が大きい。この事態に対して、新しい入試制度の導入によって志願者総数を維持することができた。一般入試に試験日自由選択制度を入れた二〇〇〇年度には再び倍率は二・三倍に回復し、制度改革の有効感をもつことができた。

当初の二年間だけでも、一二回の大学改革研修会を実施し、他の大学などの情報を聞く機会を多くもったことも改革風土の醸成に役立った。

教員の再雇用制度の見直しは教員に緊張感をもたせたのかもしれない。

職員人事制度の改革（②）

学長就任後、全職員と面談した。これを起点に、職員組織の問題点を把握できた。管理職の研修を実施するとともに、次長になる資格をもつ課長は昇任させ、職員部長制を導入した。もっと早く、人事異動を計画的にやっていたならば、職員の組織人生も変わっていたはずだ。能力のある職員が次長への昇任によって、いきいきと仕事をするようになった。

一般の職員には人事異動の方針を明確化し、それに基づき人事異動を実施した。能力のある職員は男女関係なく昇格を早くした。基準の公表と透明化によって、不公平感は少なくなったはずである。

信頼と協力（②⑤）

改革は学長、副学長を含む学長室、教職員の管理職を基盤にして日常的に仕事を進めている。問題によってはプロジェクトチームや作業チームなどを作って案を作成する。

学長、副学長、学部長、学長室長、教務部長、学生部長、事務局長、事務局次長、総合企画課長、総務課長からなる運営委員会は毎週開催している。運営委員会は大学評議会の議題の整理をはじめ全学的な問題を協議し、学長の諮問的な機関として十分、その役割を果たしている。教職員が協力して課題の解決にあたったことも大きい。

ただ、大学の組織は普通の組織と異なり、教授会という組織があって、全学統一的な改革は簡単ではない。新学部の設置の際に、契約教員の規程をつくり学部間の教員数を調整したときに学部から反対があった。それだけに学長と学部の間にある学部長の役割も大きい。反対の決議があったのは一学部だけであったために、予定通りに短大を廃止し、新学部の設置に向かっていった。

当初、運営委員会の内部に意見の相違があった。しかし、学長室の職員は改革を進めようとする学長をサポートし、改革を続けることができた。

運営委員会のメンバーの間では互いに信頼して仕事ができたし、信頼の構築に向って相互に努力をした（高橋俊介『スローキャリア』ＰＨＰ、二〇〇四年、二〇三頁）。大学改革の基礎は学長を頂点とする執行部と一般教職員の間の信頼である。

教育理念の再構築と意欲の向上のために（③）

任期の最終年に、中期計画の策定もあって、教育理念の見直しに取り組んだ。「地域社会の発展に貢献する人材の育成」「地域社会と連携した人づくり」「地域社会に開かれた大学づくり」を大学の設立理念として再定義した。学部や大学院においても教育理念や目標を見直してもらった。これはビジョンの構築にあたる。同時に目標達成のための奨励策として、表彰制度、課外活動の支援、経済的な奨励制度の三つをあげた。

改革のプロセスと情報の共有（④）

毎年四月、当該年度の課題を公表し、八月に課題の進捗状況を点検、公表した。これは、WHAT—HOW—DO—CHECK のサイクルである。何をすべきか、どのように問題解決をしようとするのか、実行、実施の点検である。このサイクルを行なうのは学長だけではなく、各課においても同じように行なう。各課から毎年文書によって課題や課題の解決状況を報告してもらう。課題の設定にあたっては各課が自主的に行なうとともに、学長からも検討課題を依頼することもある。八月には、そのために部局長課長の会議を開く。

課題に関する情報の全学的共有も重要である。折に触れ、何が審議されているのか、何が解決されたのか、全教職員に直接伝えるために、初めは毎月「視界」に、九九年度から「コミュニケーション」と名前を変えたコーナーにおいて月に一回、電子メールによって配信するようになってからは、月に二回書いた。

一期目が終わったときに廃止を考えたが、やはり必要だという職員の声もあり、最後までつづけて書いた。

どの程度、読まれたのか、わからないが、少なくとも読もうという教職員には、あるいは何かあるときには有意義な情報であったのではないか。

そして将来構想について度々、報告書を出した。一九九八年度は四回、九九年度は五回の報告書を出して、構想案を明らかにするとともに構成員の疑問にも答えた。

すべての領域の改革（⑦）

改革の範囲は部分的ではない。教育の分野だけではなく、すべての分野に及んでいる。経営の基礎にある学費、将来を見据えた基金の積み立て、教育研究の中核となる図書館の建設、校舎の建て替え計画、教育組織の再編（短大の廃止と新学部の設置）、教職員の人事制度の見直し、新しい入試制度、教育方法改善への取り組み、学生支援プログラムなどである。

現在の大学設置基準は、学部の新設と設置経費が一体となっている。このような観点からも改革は分野ごとではなく、施設設備の整備とも連動して考える必要がある。また教育プログラムは財政と連動している。

将来を見据えた改革（⑦）

短大存廃や図書館建設は一〇年来の未解決の問題であった。経営の基礎となる財政も非計画的であり、長期的な展望がなかった。理事長の指示をうけ、法人と協議しながら、財政計画を策定した。さらに将来に備えて校舎の建て替え計画とその基金の積み立て（二号基本金）、三号基本金の積み立て、貸与奨学金の整理など、財政の懸案事項をすべて解決した。法人に学長の考えを伝え、法人は学長の考えを理解し、一体となって仕事を進めたから改革もできた。

組織文化の変革（⑧）

八つのプロセスの中で達成できなかったのは、「⑧新しい行動様式を組織文化の一部として根づかせる」である。学長の任期が終わる頃、コッターの本と出会って初めてこの組織風土改革の重要性を認識させられた。

職員組織は継続的であり、とくに管理職を核にして、一定の組織風土の改革は達成されたのではないか。

これに対して、教員組織には、危機感をもち、自主的に様々な試みをしている教員と教員集団はいるけれども、全体としては、改革の風土が根づいているとは言いがたいように思う。しかし、組織の特性として、すべての教員が一体となって改革に邁進するということはないだろうから、一定割合の改革を志向する教員の気持ちを汲み上げていくのがよいのだろう。

教員組織は同僚組織として機能するのが望ましい。お互いに授業方法を検討し、研究面でも相互に刺激しあう。これは理想であるかもしれないが、可能な限り自主性を支援するような仕組みが望ましい。例えば、教育的な試みを財政的に支援するプログラムである。教員も自主的に仕事をする努力がいる。

大学においては、学長は選挙によって交代する。企業のように社長が後継者を育てるようなことはむつかしい。したがって、大学という組織の特殊性を前提にした改革の見方が必要だろう。つまり、交代したトップは、前任者の実績を意識せざるを得ず、実績を上げようとする。競争的な原理が働くことが重要かもしれない。選挙制度を取っている限り、このような見方が適切かもしれない。オーナー型か非オーナー型か、学長と理事の兼任か、などによって学長のあり方も変わってくる。

理事会の見識も問われるが、理事会もまた人の組織であり、理事会に全面的な見識を求めるのもむつかしい。いずれにしても理事長（理事会）、学長（大学執行部）、教職員が一致協力できた大学が発展していく。この問題は別の論稿が必要である。

現時点から考えると、改革のスピードは落ちたかもしれないが、もっと教職員が参加するような改革の方法があったかもしれない。

(4)　実施できなかった事業

もちろん、計画を立てて実施できなかった事業もいくつかある。

もっとも大きかったのは、理事会の改革である。理事会に委員会が設置され、常務理事会の規程はできたが、毎週、常務理事会を開催するような制度改革は実現できなかった。中学と高校が母体になり大学が設置された経緯や大学の自己統治能力を考えると、大学単独の学校法人よりも中高を含んだ法人の方が大学にとっても意味があるという決断をした。

西南学院、松山大学と広島修道大学の三大学ネットワークも実現できなかった。社会的な大学評価の違いが実現までに至らなかった理由だろう。しかし、このことから、交流して意義のある事業が重要であることを学んだ。次の広島県高等教育機関等連絡協議会を作るときの教訓として生きた。

修道大学と地域との連携組織も規程は作ったが実施できなかった。

いわゆるセクハラなどの不祥事事件も起きた。起きた不祥事に対して適切に対応できたけれども、大学としては体質改善ができていない。

3　今、改革はどう評価できるか

六年間に行なった主な改革は今、どのように評価されているのだろうか。主観客観の評価を含め、五つの事項を評価した。

(1)　図書館建設

まず、大学の中心的な施設である図書館は評価が高い。よく使われている。どうして学生がこんなに図書館にいるのか、という声を見学に来た他大学の職員からも聞くと言う。空き時間があると図書館を利用している学生も多い。夏休みや春休みなどを除き、土日も開館している。試験の前には日曜日であっても学生は利用している。

新図書館は、旧図書館と比べると、私語は少なく静かである。キャンパス内の位置も、学生の導線上よかった。

ある学生は、図書館では一人になれるのがよいと言っていた。職員も同じような観察をしている。机が図書館内のあちこちに配置されているというのも一つの理由ではないかというのは、図書館を設計した日建設計の赤木隆氏の話である。

入り口付近のロビーは、オープンキャンパスの相談会やパネルの展示のためにも使われている。

(2) 表彰制度・スカラシップ

二年目に学長表彰制度を手始めに、その後、表I-2-4（四四―四五頁）や表II-4-2（一二〇―一二一頁）でみるように表彰制度をつくっていった。五年目以降に入試スカラシップや在学生スカラシップなどの制度を導入した。残念ながら、入試スカラシップは国立公立大学へ行く学生を引きとどめる役割を果たしていない。入学後の成績も芳しくない。

これに対して、在学生スカラシップは、成績によって支給しているにもかかわらず、学業以外でも他の学生の模範になる学生が多い。給付金の使われ方も、短期の語学研修への参加、パソコンの購入、本を買うなど、支給する側からもうれしいような使い方である。このスカラシップを受けた在学生が核になって、他の学生にも好影響を及ぼしていくような仕組みも必要だろう。

(3) 入試改革

修大志願者数は、二〇〇一年度は、九六年度との比較では二六〇名くらい減っている。九六年度にセンター利用入試を導入し、志願者が八％増加した。〇一年度を九五年度と比べると、約四八〇名増えている（次頁の表II-4-4参照）。この間、表II-4-5のように、一八歳人口は全国で一七三万人から一五一万人へと減り、定員割れ大学が三割程度になっている。横ばいから上昇へと転じたのは、入試改革の効果を実証している。

入試制度の改革によって志願者数は確保できる。これはどのレベルの大学でもそう言えるかどうかはわからない。

表II-4-4　学生数・志願者数・財政・人件費比率

	入学者数	定員超過率 (%)	総学生数(人)	志願者数(人)	18歳人口(万人)	帰属収入(百万円)	人件費(百万円)	人件費比率 (%)
1995年度	1208	105	5896	8700	177	5689	3283	57.7
1996年度①	1370	115	5736	9453	173	5821	3487	59.9
1997年度②	1339	113	5768	7982	168	6307	3621	57.4
1998年度③	1430	120	5548	8150	162	6618	3546	53.6
1999年度④	1501	126	5669	7985	154	6861	3632	52.9
2000年度⑤	1483	125	5899	8832	151	7038	3513	49.9
2001年度⑥	1564	124	6008	9187	151	6991	3486	49.9

注）学生数には大学院を含んでいない。

表II-4-5　入学試験の状況

年度	18歳人口(万人)	大学数	定員割れ数(%)	志願者数(人)	志願者数(修大)(人)
1996	173	425	23 (5.4)	3529504	9453
1997	168	439	35 (8.0)	3292718	7982
1998	162	451	89(19.7)	2983483	8150
1999	154	471	131(27.8)	2822827	7985
2000	151	493	149(30.2)	2899815	8832
2001	151	506	143(28.3)	3073526	9187

試験日自由制度によって、志願者の確保を実感できた。併願率が一・三八から一・五五倍に高まったのである（二〇〇〇年度入試）。志願者の実数は減少しているが、全体の志願者数が増えるのは、外部からの評価が違う。

しかし、学力や意欲の高い高校生が受験し合格しているかどうかは別問題である。どの大学も入学者のレベルが下がっているのだから、入学準備学習、補習とか、一年次教育などの積極的な取り組みをしなければならない。

(4) セミナーハウスの建設

セミナーハウスは学生の要望が強かった施設である。合宿のために使われ、ゼミなどで土日などに気軽に使われているのだろうか。維持コストを考えると、使用頻度も含め、まだまだ不十分である。学生からも飲酒できないために使いたくないという意見がある。今年、一年生のオリエンテーションセミナーに使ってみて、宿泊しているとキャンパスにいるにもかかわらず、異なった雰囲気の中にいるような感じになり、さまざまな使い方ができる余地があると思った。

もう一つの目的であった海外からの短期研修には使われているのだろうか。韓国の二大学、啓明大学校と淑明大学校、アメリカのアリゾナ州立大学から短期の日本語研修を受け入れている。セミナーハウスは相手大学からは好評である。本学の学生も短期研修生たちと交流している。

さらに啓明大学の四ヵ月プログラムのために、韓国の学生たちが宿泊している。このような長期の使用法は、当初、予想していなかった。

大学主催のスポーツ大会や高校生の勉強合宿にも、最近では使われている。宿泊施設があることで、実施できるプログラムも増えている。

大学内に建設されたセミナーハウスは大学内施設設備と連動して使われて効果的な使い方があるのだろう。

(5) 財政改革

一九九六年度と二〇〇一年度を比べると、入学者数は一二〇八名から一四八三名、総学生数は五八一二名から六〇〇八名へと増えている。

定員超過率は一一五%から一二四%に増えている。これは意図的ではなく、追加合格を出さないようにし、予算定員の一一〇%を確保するように合格発動をしているので、入学者がどうしても多くなる傾向にある。念のため断っておくが、教員数は設置基準よりも一二%程度多い。

初年度の納付金総額は百十一・五万円で、毎年二・五万円ずつ上げるシステムをとっていたのを、九九年度から完全に学費を凍結した。学費の納入額と在籍者が増えたのが、帰属収入が五八億から六九億円に増加した理由である。

人件費総額も増加傾向にあったけれども、毎年のベースアップや定期昇給分などを含んでも、教員再雇用制度の見直しによって減少、あるいは少なくとも横ばいになった。帰属収入が増加しているので、人件費比率は五九・九%から四九・九%へと大幅に下がった。

再雇用の見直しは教員としては歓迎すべきことではない。摩擦もあった。しかし、経営上は必要な改革であった。

この点、外部からの評価が高い。「中国地方　大学は今」（『日本経済新聞』二〇〇二年二月一六日）では、再雇用制度見直しや契約教員制度の導入を評価している。私の任期が終わった翌年、R&Iの格付けによってAプラスの評価を受けた。この時点では関西関東では初めてであった。主な理由は、人件費率の削減や減価償却引当の増加である。「学費の改定や一九九〇年代後半の人事改革が奏効して帰属収入と比べた人件費の割合はピークから一〇ポイント程度下がり、大学法人として平均的な水準に落ち着いている。減価償却引当特定資産が進むなど、財務構成も良好である。」（二〇

〇三年一二月一五日）

大学改革は改革した時点だけではなく、その後、改革はどのようになったのか、中期、長期の点検もいる。大学は企業と異なっており、とくに長期的な観点が必要になる。本文にも書いているように、理事会、設置学校の教職員の協力と信頼こそが大学改革の基礎であり、学校法人の永続性を保障する。

5 「コミュニケーション」――課題と情報の共有化（『広島修道大学広報』より）

ここに収録した文章は『広島修道大学広報』の「視界」で、一九九八年一二月からは「コミュニケーション」というコーナーに毎月、書いたものである。すべてを掲載すると量が多いので、七二回分の表題を掲げ、これらの文章の中から年度の課題とその成果、主な改革やその過程について書いた文章を選んだ。電子化されて月に二回となった。題材に迷うこともあり、書くのにエネルギーを要し、またどの程度読まれているのかわからず、廃止を検討したこともあった。しかし今、学長が何を考え、大学全体がどこに向かっているのか、構成員が知るには必要だという学長室の職員の意見もあって継続した。なかには不祥事なども含まれており、広く公表するにははばかられる内容もある。大学の教職員、あるいは組織や人事などに関心がある人であれば、読んでいただけるかもしれない。以下の文章には教職員名を書いていたが、ここでは職名だけにした。

毎回、文章の終わりには学長のメールアドレスを記し、何かあれば意見をくださいと書いていた。正直に言えば、会えば、書いた内容について話題にする教職員もいたが、ほとんどメールによる意見は来なかった。組織の階層を飛び越してメールを送るのは、むつかしかったのかもしれない。

各年度の一覧は、「視界」と「コミュニケーション」の各月の表題である。

各年度から重要と思われる月の文章を選んだ。（　）内は本書のII4「三〇年後を展望した大学改革」の表II-4-2にある事項の表示と対応している。

（　）内には財政、将来計画、組織、職員人事、教員人事、教育、国際交流、学生支援、入試、課題などの内容を識別できる見出しを入れた。ここに収録しているのは、特定のテーマが多いようにみえるかもしれないが、各月の表題を見ていただくとそうでないことがわかっていただけると思う。九七年度六月から、親しみやすくするために文章表現を口語体に変えている。

一九九六年度
四月　挨拶のできる人を育てよう
五月　信頼回復のために
六月　学内のコミュニケーション
七月　教育の質的向上を
八月　全職員との面談を終えて
九月　これからの課題および機構改革
一〇月　志願者全入時代がやってくる
一一月　再び機構改革について

一二月　経済科学部と国際商学科の発足
一月　国際交流センターの設置
二月　一九九六年度を振り返って
三月　三月から四月へ

六月　学内のコミュニケーション（I1）〔組織・職員人事〕

四月以降、部局長会議を毎月開催している。従来、一年に一回、人事異動のとき、一〇～二〇分間開かれていた会議である。部局長会議では一般的に情報の共有を目的としているが、五月、六月は各部局間の課題を報告していただいている。ひきつづき、部局長全員、時にはいくつかの部局長の会合を開いていきたい。八月五日には部局長と課長全員による研修を予定している。

五月から六月にかけて、全課長と面談をした。要望や人事管理などについて幅広く、お話をさせていただいた。七月以降、役職者以外の職員と順次話をする機会を設けていきたい。

六月下旬夜八時ごろ、教務部に用事があって行ったところ、教務部長と次長が作業をされていた。単位僅少者の調査の集計などを一週間くらい夜に行なっているとのことであった。この問題についでは何度か、教務、学生部長そして各学部長に報告してもらい、とりあえず今年度は現状の把握にとどめている。教務部長の夜遅くまでの作業は考えなければならない問題を含んでいると思われるが、私自身、本館の四階にいて学内外の会議と打ち合わせ、来客に追われる毎日で、十分に各部局の実態を把握できていなかった点を反省している。

八月　全職員との面談を終えて（I 2）〔**職員人事**〕

七月と八月に全職員との面談をようやく実現することができた。一グループ一〇名程度、時間は二時間程度で、採用年次別に一〇回に分けて面談を実施した。メモを読み上げたり、レポートを提出する人もいたり、面談に対する対応も様々であった。

内容が多岐にわたるので、一つに絞って述べておきたい。**情報伝達の悪さ**を指摘する声が多かったことである。評議会の決定事項については大学広報に掲載されるので詳しくは広報を読んでもらう以外にない。しかし、業務的に急ぐ事項もあるから、部局長には評議会終了後、できるだけ早くそれぞれの部署で報告をしてもらうようにお願いした。問題はそれだけでなく、**各部局内部のコミュニケーションの悪さ**があるようだ。大学は組織として業務を遂行しているので、役職者および課長は課員の意見をよく吸収しなければならない。他方では、職員は大学全体の機構、組織を理解し、自分の位置を知り、各自の業務を果たす必要もある。職員ももっと自分の属する課の業務について、それぞれの課において提案する努力が必要でないだろうか。

大学全体としては、フォーマルな制度以外において職員の意見を吸収したり、参画意識が高くなるような制度も考えなければならないのかもしれない。大学は意思決定に時間がかかると言われ、意思決定の効率化が求められている。両者の接点をどこに置くかだろう。

十分に検討しなければならない問題もあるし、次年度の予算編成の際には取り入れたい提案もあった。面談での意見は、今後大学の施策のなかに生かしていきたい。

一月　国際交流センターの設置（Ⅰ3）〔組織〕

一月の評議会において国際交流センターの設置が承認された。国際交流委員会からセンターへの改組は、本年度の機構改革の主要な課題の一つであった。センター長を置くことができるようになり、自動委員が一部廃止され、委員定数も削減された。今まで以上に機動性を増すのではないだろうか。

国際交流係は留学生の受け入れとケア、奨学金の申請、交換・客員教員の受け入れと送り出し、国際交流協定の締結、地域の国際交流プログラムへの出席、表敬訪問の受け入れ、各種調査への回答など多岐にわたっている。最近では学生の海外研修プログラムが各学部において実施されるようになり、仕事も増加してきているだけでなく、大学の顔として重要な役割も担っている。

本学は中四国の大学のなかでは早く国際交流に取り組んできていた。しかし、その中の主要な柱である留学生数は最近は毎年、減少している。留学生数は三八名。かつては一〇〇名を超えていた留学生数も、その後、入試制度の改正、不況や入管法の改正などによって減少しつづけ、県内の大学では、三番目に位置している。最近の受験者の状況を見ると、日本語能力検定試験の成績は以前よりもかなりよくなっている。博士の学位を取得した留学生も出たり、日本人と一緒に公募推薦入試を受験し、合格した留学生もいる。レベルの高い留学生を確保するのも重要であるが、同時に量も必要である。

一九九七年度入試から外国人留学生試験も一月に実施するので、留学生にとっては受験の便宜も図られるようになったはずである。

センターの設置に伴い、本学の国際化を一層進展させていきたい。

二月　一九九六年度を振り返って（I4）〔課題〕

前年度からひき継いだ経済科学部の設置、六号館の建設、食堂棟の改修を無事終えることができた。危機管理的な事項もいくつかあったが、年度当初の目的をほぼ達することができた。

長年の懸案であった機構改革のうち、**委員会の定数削減**と**国際交流センターの設置**は四月から実現される。韓国の啓明大学と、アジアの国としては初めて一年間の学生交換と教員の交換を実施する。この四月より二名の学生を受け入れる。情報教育は今年度よりも少しは進展しそうだが、まだ十分とは言えない。教育研究の高度化の面では、大学院に教務委員会、学生委員会を置き、規定の整備をはかった。本学としては初めて、**授業改善の講演会や研修会**を催した。この三月には国際シンポジウム「わたしたちが拓く日韓新時代」を開催する。「教員一覧」は、本学の教員の研究分野を知る上で役に立つはずだ。この他に、各部局に課題を提出してもらったり予算の点検を実施していただいたり、契約職員や業務委託など従来本学が行っていなかった制度も始める。

解決しなければならない課題ははっきりしている。夏休みや春休みに関係なく会議を開いているが、それでも遅れ気味である。

四月から毎月「視界」の欄に書いてきた。この欄は、構成メンバーにとっては、現在、大学の執行部が何を考え、何をしているのかを知るのに、他方、学長自身には大学の現状や課題を確認するのに役立っている。一九九七年度には今年度以上に大きな課題がある。広島修道大学の発展のために、ひきつづき構成員の協力をお願いしたい。

三月　三月から四月へ（Ｉ5）〔課題・職員人事〕

三月は、二月に引き続き短期大学部・大学院などの入学試験、六号館の竣工式、啓明大学との交流協定の調印式、日韓シンポジウム、卒業式、大学内での卒業パーティなどの行事があり、管理職についてのアンケート調査の実施、人事異動を発表した。

「わたしたちが拓く日韓新時代」は本学としては初めての国際シンポジウムの試みであった。対象が学会のように専門家集団ではなく、一般市民、しかも竹島問題、戦後処理などの課題を抱えている中での開催であったけれども、充実した内容で、三〇〇名を超える参加者があった。シンポの企画、実行にあたられた副学長をはじめとする実行委員や職員のみなさんに感謝したい。教職員の協力の力の大きさを改めて実感した。学内での卒業パーティは学友会との共催には至らなかったが、天気に恵まれ、参加者も多く、これも成功したと言えるのではないか。

卒業式には学部表彰式や卒業生謝辞を入れたり、当該年度のニュースになるような卒業生・修了生を選んだりして工夫をした。学内のパーティや学生主催のパーティなどの時間の都合もあって、卒業生の集合状況がよくなかったが式を開始した。そのためか、いつまで経っても静かにならず、式の最中に私が静粛にするように呼びかけたが効果はなかったようである。次年度に向けて改善すべき点が多々あるが、卒業式についてお気付きの点があれば、電子メールで意見を寄せてください。

最後に、職員の三〇%を超える人事異動を発表した。七月、八月の職員面談の際に、人事の問題点を指摘する意見があった。私も課題として昇任試験の導入をあげたが、今のところ、実施に至っていない。人事考課制度の充実とあわせて、次年度に向けて検討したい。新年度の人事異動の方針については、①原則として同一職場が長い職員を対象にする、②教学、図書館・研究所、管理の三部門の交流、③異動に関する調書を参考にして配置換えを行なった。とくに①については、一、二の例外を除き、七年以上同じ課にいる人はすべて異動してもらうことができた。昇任昇格は、人事考課表を参考にし、年功も参考にした。最終的には、学長、事務局長、事務局次長、人事課長、それに副学長（理事）によって人事異動の案を作成し、その後、学園との必要な手続きをとった。もう一つ、職員面談において管理職に対してあった意見には、管理職研修のプログラムによって対応することにした。三月には、そのためのアンケート調査を開始した。事務組織が活性化する一助になるように期待したい。

一九九七年度
　四月　一九九七年度の主な課題
　六月　授業改善・授業アンケートについて
　　　　課長研修について

七月　教職員のパートナーシップ
八月　大学は変わりつつある
九月　教育懇談会と同窓会
一〇月　次の世代に責任を持つ
一一月　本学の課題と意思決定の過程
一二月　表彰し、励ます
一月　大学へのアイデンティティ
三月　一九九八年度の人事異動

四月　一九九七年度の主な課題〈課題〉

三月、学部長会議〈副学長、学部長、事務局長〉において一九九七年度の主要な課題について話し合った。九七年度は、「組織と財政の基盤整備」の年と言える。

第一に財政問題。　一九九八年度に入学する学生の四年目の学費（二〇〇一年）を決定しなければならない。

現在、二〇〇〇年までは、毎年、授業料と施設設備を含め、四万円値上げすることになっている。一九九四年の学費決定時はバブル崩壊後すぐの時期であり、過去の状況を見ると、値上げ幅は必ずしも高額とは言えなかった。従来、財政計画をたてるが、赤字になるまで学費を据え置き、赤字になったときに一挙に値上げをしてきた。さらに、今回は四年間一括提示する漸増方式を取り入れたこともあり、その後の経済情勢からすると高めの値上げ幅になっているのも事実である。この点については、事業計画との関連で議論していくことになる。

第二に図書館の建設。一九八九年から一九九一年にかけて学内諸機関および理事会において、総額二七億円の図書館建設が検討されたことがあるが、新学部設置との関連において延期された経緯がある。その後、ハーモニーロードと六号館が建設された。昨年とりあえず、蔵書数を増やすために、二〇〇〇年までの延命策として集密書架を入れて当面対応することになった。二〇〇一年の学費を決定するときには、図書館の建設をどうするのか、決定しなければならない。

第三に、管理運営機構の見直し。今年度経済科学部がスタートした。従来学部長は自動的に学園の理事に就任していたが、理事の定数が多いこともあり、経済科学部長は理事となっていない。学内にとどまらず、理事会においても学園全体の理事と評議員の人数をどうするのか、検討を開始することになるだろう。

これに関連して、学長と副学長の役割分担も課題である。一九九〇年に評議会において副学長制の導入が検討され、九四年に一名、九六年から二名の副学長が置かれている。過去の経験を踏まえて、学長が委員長、議長となっている会議体について副学長との役割分担を進めていきたい。合わせて、副学長は一名しか理事ではないので、この問題も検討の対象となる。

職員部長制の導入も、管理運営機構の見直しの重要な柱である。教員にとって教育・研究とともに学内行政も業務の一つであるとしても、教員でなければならない役職以外は職員が部長をしてもよいと考える。教員が教育研究に専念する条件をつくり、さらには教員と職員のパートナシップを築くためにも必要である。

第四に機構改革。 昨年、委員会の定数見直し、国際交流センターや大学院教務委員会・学生委員会の設置が機構改革の第一段階であったとすれば、今年度はその第二段階にあたる。教務、学生、就職、図書館などといった部課制は妥当であるか、事務局内の総務課と学長室総合企画課などの業務分担などの見直しをはじめ、多くの課題がある。組織改革や大学全体の改革のためにも、業務改革が前提になる部分が多い。組織改革と業務改革のプロジェクトチームを発足させたい。

第五に将来構想。 この中には短大、第五学部、大学院の三つ問題が含まれる。短大の存廃については、一九九八年度中に結論を出すことになっている。経済科学部は二〇〇〇年度に完成年度を迎える。そのまま学部を土台にして大学院を設置するのであれば、二〇〇〇年六月には申請することになる。二一世紀全体を見渡すのは到底不可能であるが、もっとも一八歳人口が減少する二〇一〇年代、本学はどこに発展の基盤を置くのか。三つの問題は密接に絡み合っている。九七年度の後半以降、年度内に検討の委員会を発足させたい。

第六に、職員の人事制度の改革。 九七年度の人事異動の方針については前回において述べた。昇任あるいは昇格試験制度、人事考課制度の充実、人事について検討する組織、職能資格制度などの課題がある。

第七に、入試制度の改革。 入試センター試験の導入によって、志願者は増加した。しかし、本学程度の規模の大学では、受験生にもっとわかりやすい入試制度を提供する必要があるのではないだろうか。入試の基礎的なデータの収集を含め、全学的な入試制度の検討のために入試委員会の中にプロジェクトチームを発足させたい。

昨年度からの課題も含め、必要に応じて、関係の委員会において審議していきたい。

六月　課長研修について（II 1）〔職員人事〕

五月二一日から二三日までの三日間の研修（リーダーシップ・ディベロップメント・プログラム、LDP）が終わったその日、研修から帰って来られた数名の課長に会いました。さわやかな顔をされているという第一印象を受けました。報告を聞き、身の引き締まる気持ちがしました。この研修をお願いし、アンケートで課長を評価した側も一緒に研修を受ける気にならなければならないと感じました。

昨年、七月と八月に職員の面談を実施した際、コミュニケーションの悪さを指摘する声が多くありました。問題の一つは課長にあるように思われたので、LDP研修を提案しました。予算建設委員会と課長会にはかり、法人と調整し、今年度ようやく実施に至りました。

上司を評価した部下のアンケート結果は、インストラクターによれば、一般の企業よりも評価は低いということでした。その原因は、一般の企業よりも部下が自由に上司を評価できる大学の風土にあるように思われました。

このLDP研修を実施した大学は少ないので、アンケートの項目、課長を評価する上司（大多数は教員の部長）などにおいて問題がないわけではありません。しかし、研修の目的は評価ではなく、この研修を通じて、自分に反省すべき点があれば反省していただくことにありましたので、当初の目的を達することができたのではないかと評価しています。それぞれの部局で報告を聞かれて、どのような印象をもたれたのでしょうか。意見がある方はメールを送ってください。

秋にはフォロー研修があります。研修の成果が生かされるように期待しています。

一〇月　次の世代に責任を持つ（II２）〔**財政・教員人事**〕

一〇月一六日の理事会において**財政計画の見直し、諸納付金の改定、そして教員再雇用制度の見直し**について審議され、承認されました。

一九九七年から二〇〇一年度までの財政計画を新しく立てました。当初の財政計画よりも消費収支が大幅に上回ったためです。新しい計画には、授業料の上げ幅の縮小、人件費の伸び率の見込みの圧縮、減価償却相当額積み立て期間の短縮、図書館等建物の建設計画などが盛り込まれています。

現在、本学の学費は高い部類に入っており、それをいかに下げていくのかが課題になっています。当初、四万円の値上げ幅を二万五千円までに下げ、図書費、保健費なども徴収しないこととしました。**大学院の学費**は今回抜本的に見直し、初年度一二一万五千円の予定を八七万七千円までに下げました。そしてとくに長期に在学する社会人学生のことを考慮し、標準修業年限以上在学する学生には在学料を半額としました。

この財政計画には、**中期及び長期の計画**も入っています。まず二〇〇二年に完成する予定である図書館の増設です。新しい図書館は、蔵書収容能力の確保（一一〇万冊）、電子図書館機能の充実、学習図書館の整備を三つの柱としています。他の施設等の改修を合わせ、二五億円の予定です。もっと先の話ですが、**現在の建物を建て替えるために一二年間、毎年二億八〇〇〇万円を積み立てることになっています。**

理事長の指摘もあって、財政計画の精密度が増し、長期的な視点も入っている点で今までとは異なっています。

定年時の給与が再雇用時にそのまま支給されることについては、学外の理事の方は理事会において以前から問題にされていました。私が学部長として理事会に出ていた頃のことですから、一九九二年にはすでに指摘を受けていたことになります。おそらくその後も毎年問題にされていたでしょうから、その時から少なくとも五年は経過していることになります。理事会の再雇用の見直しの理由は組合の交渉の際に述べた通りですので、詳しくは繰り返しません。西日本の私人連加盟校三〇数校を調べてみても、定年時の給与をそのまま支給している大学はほとんどありませんでした。職員の定年が六〇歳であることも考え直して欲しいという学外理事の意見もありました。また、理事会との関係では、大学としてすべきことは自らすべきだと思います。大学をめぐる環境がますます厳しくなっていくことに、異論を唱える人は誰もいないでしょう。今年の一月の『大学広報』にも書きましたように、二〇〇九年には志願者全入時代がやってくると文部省は予測しています。将来予測される事態にできるだけ早く態勢を整えておくことは必要ではないでしょうか。

鈴木清前理事長が「市川先生、次の世代を育てておられますか」と時々言われていたのを思い出します。五年後、一〇年後、二〇年後を予測し、それに備えておくのは学長としての責務だと考えています。状況を賢察していただき、是非ご理解していただきたいと思います。

一一月　本学の課題と意思決定の過程（II 3）〔課題・組織〕

本学は解決すべき課題を多く抱えていましたし、現在もなおあります。これらの課題を解決するために、昨年八月に部局長・課長の合同会議において「これからの課題」を配布し、一日かけて意見を交換しました。今年度は、昨年度に解決できなかった課題も含め、三月に学部長会議や運営委員会にはかって、今年度の課題を提案してきています。八月には昨年と同様に、部局長・課長の合同会議において一九九七年度の課題の進捗状況について話し合いました。前号に書きましたように、九七年度の前半期の主要な課題であった財政計画の見直しも、法人と調整しながら、学内の予算建設委員会において審議し、授業料の上げ幅を縮小し、大学院の授業料を大幅に下げることができました。同時に、将来の建て替えのための積み立てを増額し、二〇〇一年には図書館の増設に着手するために基本金への組入れを開始することになりました。教員再雇用制度の見直しも一〇月理事会において承認されました。一九九〇年の解雇事件の一審は全面勝訴し、一名の教員とは和解が成立しました。この他にあった教員人事問題も円満に解決しました。

完璧とは言えないかもしれませんが、懸案の事項はかなり解決しつつあると評価できるのではないでしょうか。これも職員、各種の委員会の委員、副学長、部局長、理事長をはじめとする法人との協力があって、課題が解決されつつあると考えています。

私は当該年度の課題について、**運営委員会や学部長会議などにおいて議論し、部局長・課長会議**

において意見を聞き、情報を共有するように心がけています。一九九四年から九六年までの二年間、学部長・理事を務めましたが、そのときの大学全体の運営と比較してみても、会議の開催回数ははるかに多く、そして事前に課題を開示しているように思います。評議会に提案する事項はすべて運営委員会（構成メンバー：副学長、学部長、教務部長、学生部長、事務局長）にかけ、合意をえて提案しています。学長が単独に提案した案件は一件もありません。評議会においては、結論が出ないときには議決をしたことが一、二度ありましたが、慎重に審議をすべきことは数度かけて審議したりしています。学長に就任以来一度を除き、毎号「視界」にそのときどきの案件について書き、問題を大学構成員と共有するようにしているつもりです。

現在、大学機構改革について意見が出ていますが、昨年度の課題として八月の部局長・課長の合同会議においてあげ、今年の三月の運営委員会、学部長会議においても論議しました。今年八月の部局長・課長合同会議においても報告しています。組織改革と業務改革の二つのプロジェクトは四月にスタートし、評議会には報告事項ですが、検討事項、構成メンバーなどを記した文書を提出しています。『大学広報』（四月三〇日号）にも「一九九七年度の主な課題」として機構改革について書いています。しかし、認識にギャップがあり、すでに設置されたプロジェクトとは別に委員会を設置すべきであるという意見もありますので、これから委員会を設置し、検討していきます。

組織改革と業務改革については通算五七回の会議を開き、検討されました。プロジェクトに参加されたみなさんに感謝申し上げます。今後必要な手続きを経て、合意を得たものから実現していきます。

最後に、教職員のみなさんに課題の解決に協力していただくように改めてお願いします。

一二月　表彰し、励ます（II 4）〔教育〕

一二月一八日、第一回の学長賞、学長奨励賞の表彰式を行うことができました。式には修道サークル連合会長、後援会会長、多くの教職員、学生諸君が出席しました。表彰者を推薦していただいて、本学にも多様な分野において活躍している学生がいることを発見しました。

一三日には、第四回の懸賞論文、作文の表彰式がありました。応募者は毎回、増加しています。表彰者のスピーチを聞くと、書くという表現にとどまらず、口頭による表現にも優れた人たちが多くいました。優秀賞（作文の部）の一人は、「障害を克服すると、みんなに受け入れられるにようになると思って努力したが、無駄に終わってしまった。しかし、受賞して励まされた」とスピーチするのを聞き、表彰の意義を再確認しました。

卒業式には学業優秀者が各学部において表彰されるようになっています。これらの三つの表彰によって学業、スポーツ、文化、社会など様々な分野において表彰できるようになりました。

表彰するというのは長所を認めることです。公にして、表彰される人を励まし、勇気づけることになります。個人の長所は、言うまでもなく、一つではありません。各人が長所をもっているはずです。従って、できるだけ多くの物差しをもってはかることが必要です。

戦後の大量生産・画一型社会、もっと遡れば、伝統的な日本文化の中では、欠点を指摘し、直していく、あるいはしかることに教育の重点が置かれていました。個性ある人、独創的な人が求められている現在、個人の多様な能力を評価し、育成していくことが大学教育にとっても大切でしょう。

三月　一九九八年度の人事異動〔職員人事〕

三月一九日に職員の人事異動を発表しました。職員の人事制度の確立は本学の懸案事項の一つです。客観的で公正な職員の能力開発を考えた人事を行うために、人事考課表、目標面接調書、異動に関する調書を基にして、所属課長の意見を聞くという方針を立てました。課長との面談は事務局長が中心になって行い、学長が同席し、それに人事課長が陪席して、人数の多い課は二時間、少ないところでも一時間程度、意見を交換しました。内容は課長によって異なる人事考課の不均衡、昇任昇格、課の業務などに多岐にわたりました。その後、事務局長が人事課長と相談しながら原案を作成し、最終的には学長、副学長、事務局長、事務局次長、人事課長による数度にわたる会議で大学としての案を決定し、理事長に決済していただきました。昨年来の**学生生活、教育研究、経営管理の三部門の経験をしてもらうという異動方針**は変わっておりません。教学を理解し、経営管理に通じた職員の育成は本学の課題です。今年度は、国際化と情報化の促進のために、国際センターと情報センターの職員を一名増やし、その反面、成績証明書の自動発行機と図書システムを導入する教務課、図書館の職員を減員しました。各部局の職員配置数の是正は、根本的には機構改革に待つ必要があります。

二名の新任課長以外にも数名の候補者が課長から推薦されましたが、人事考課結果、在職年数、在級年数などを考慮して決定しました。新任課長の誕生は五年ぶりのことです。

人事異動に関する調書を読んで感じたことを二、三述べておきます。多くの職員が、自分はどういう部署に適性がある、と書かれていました。個人によって適性があるでしょうが、まず上述したような部局を経験した上で判断すべきことでしょうし、業務に習熟することで関心もわいてくるものではないでしょうか。四〇歳を過ぎ、一年も経たないうちに適性を論じるのはいかがなものかと思います。二つ目は、人事異動に関する調書はていねいに書いて欲しいということです。異動の調書は単なるアンケートとは異なります。字が下手でもていねいに書くというのは、文章を書くときの最低のルールではないでしょうか。調書のフォームについては、ワープロで打ったものを提出することなども含め、人事課で検討することになっています。一年間の仕事が評価される文書ですから、人事異動調書を書くときには、評価される文書の一つであるという気持ちで書いていただきたいと思います。

職員部長制や課長昇任試験など、ひきつづき次年度の課題といたします。

一九九八年度

四月　卒業式を終えて

一九九七年度を振り返って

２０２０委員会のスタート

五月　多様な学生からなる大学を目指して

六月 組織間のコミュニケーション
七月 高校生からの手紙
八月 一九九八年度の課題の進捗状況
九月 将来構想の中間報告
一〇月 急がれる授業改善
一一月 オール修大デー
一二月 PCR(パートナーシップ・コミュニケーション・責任)
一月 新学部設置の際に考えなければならないこと
二月 大雪の中で行われた入試 志願者は前年並み
三月 一九九九年度の人事異動

四月 一九九七年度を振り返って(Ⅲ1)〔組織〕

入学式は桜が咲く中で行うことができ、一九九八年度も順調にスタートしました。一九九七年度、昨年一年間を振り返ると、新しい課題にも取り組み、懸案の事項も解決することができました。これも理事長をはじめとする理事会、そして教職員のみなさんの協力があってできたことです。教職員のみなさんに感謝申し上げます。

すでにみなさんご承知のことですが、年表風にまとめてみました。

2020委員会のスタート

四月評議会において2020委員会設置の承認を得ました。2020というのは二〇二〇年ということです。ではなぜ二〇二〇年なのでしょうか。

まず、本学はおよそ二〇年単位で学部構成を変えてきており、次の約二〇年後が二〇二〇年にあたるということです。

一九五二年　修道短期大学商科開学
一九六〇年　広島商科大学商学部誕生
一九七四年　沼田キャンパスへ移転、人文学部を設置
一九七六年　法学部増設
一九九七年　経済科学部増設

本学の学部の設置状況を年代的に追っていきますと、上記のように、七六年に短大開学から二四年で三学部になり、それから二一年経過して四学部体制になっています。

二つ目に、建物の建て替えの時期です。観音から沼田町にキャンパスを一九七四年に移転し、今年で二四年目を迎えます。建物の減価償却期間六〇年は二〇三四年ですが、ここまで校舎の耐久性があるかどうかわかりません。二〇二四年には移転して五〇年になり、二〇二〇年代には順次建物を建て替えていくことになるでしょう。今年度、建物の老朽度調査をすることになっていますので、その結果を待って校舎の建て替え時期などを検討していくことになるでしょう。

本学はわが国の高度経済成長、そして一八歳人口の増加を背景にして発展してきました。現在、

わが国は転換期にあり、少子高齢化、グローバル化、情報化という今までと質的に異なった社会になりつつあるのは、皆さんも周知の通りです。二〇〇九年には全入時代が到来すると言われ、二〇一一年には一八歳人口が一一八万人で下限になり、二〇一〇年代は一二〇万人台で推移します。一〇年後だけを視野に入れて考えるというのではあまりにもせっぱ詰まったことになります。かといって二一世紀というのではあまりにも長すぎます。**二〇年後という時期を設定したのは、もう少し長期的な展望をもちながら、短期の問題も考えていくということです。**短大部の改組について今年度中に結論を出すことになっていますが、同時に日本及び日本をめぐる社会状況全体が変わりつつあり、それを視野に入れながらこれからの大学全体の展望をもつ必要があるのではないでしょうか。

わが国の成長率は二〇二〇年代には年平均一％程度になり、青壮年の人手不足が深刻になるようです。世界における実質国内総生産（GDP）は、日本を除くアジアが一九九〇年五％から二〇二〇年一五％を占めるようになり、日本を抜くと言われています。世界の人口は一九九〇年五二億人から二〇二〇年には七八億人になると予測されています。こうした時代になった時、学問の体系はどのようになっていくのでしょうか。２０２０委員会の設置期間二年のうちに、本学の衆知を集めて考えてみたいと思います。

昨年度から電子メールに教職員のみなさんのご意見をいただくようにしています。今年度もご意見のある方は意見をお寄せください。

六月　組織間のコミュニケーション〔組織〕

昨年末から事務組織と教員組織、部局などの間の連絡や調整の悪さが目につきます。役職者の交代にも原因があるかもしれませんが、もっと根本的なところに問題があると思われます。

大学は教員と職員によって運営されており、日常的な業務は事務組織によって担われています。事務組織だけで大学は動いているわけでもなく、教員組織だけで成り立っているわけではありません。とくに教育に関わる問題は教授会に報告し、ゼミナールなどにおいて学生に連絡してもらうことは不可欠です。教員に理解してもらい、教職員一緒に仕事をするという観点は重要なことです。職員からすれば、何かすれば必ず教員から言われたりして面倒だ、という意識があるのかもしれません。これはあたらず、さわらず、無難に物事を処理しようとする姿勢ではないでしょうか。私自身、立場は異なりますが、国際政治学科の設置の際に、**職員と一緒に仕事をして、教職員が一つの目的に向かって仕事をしたときには随分仕事がはかどったという経験をしたことがあります。**すでに何度か、教員と職員が協力して大学を運営していくという姿勢が大切であると、この欄に書いていますが、管理職の方には改めてお願いいたします。大学間競争が激しくなっている現在、大学全体で仕事をしていかなければならないのではないでしょうか。**文書を出したりする時に、他の部局との関係はないか、委員会に諮っておかなくていいのか、評議会などから全学的に報告しておかなくていいのかなど、考えて欲しいものです。**事務組織間、関係部局間でも連絡をとりあったり、調整をしたりすることも忘れないでください。

こうした仕事をする姿勢だけではなく、大学全体の組織としての問題もありますので、組織間の連絡がスムーズにいくような方法を考える必要性を感じています。大学広報誌や学内のコンピュータネットワークの利用などです。今後、検討していきたいと思います。ご意見がある方は、メールをください。

一〇月　急がれる授業改善〔教育〕

一九九五年から実施し始めた授業アンケートは四年目を迎えました。

全学部の実施率は過去三年間、一度でも実施した教員は六三％です。商学部と法学部に限ると、七〇％程度ですからまずまずの数字ではないでしょうか。職位別に見ると、三年間の平均でもっとも高い順に並べると、人文学部の講師が一〇〇％、法学部の教授は八六％、商学部の教授八五％と続いています。

昨年度、アンケート項目を見直したり、自由記述方式を取り入れたり、希望者にはフロッピーでデータの処理をできるようにしました。希望のあった学生の氏名の記入方式も取り入れました。それでも、九七年度（四五％）は九六年度（四九％）よりも参加率が低くなっていますので、方法を考える時期にきているのかもしれません。自己点検・評価委員会では、後期からは参加を希望する教員を対象にして、全体の平均を出して公表をすることにしています。各教員の結果は公表しませんが、これによって教員は自分の位置を知ることができます。

「学生が認識する『教育サービス』の実施度合・上位50大学」（『カレッジマネジメント』八九号、三月）に載っているランキングによれば、「授業改善などによる学生の意見が授業改善に反映されている」という項目において、本学は一四位にランクされています。全部で六七の項目のうち、この項目が本学の学生から最高の評価を受けていますから、学生の認知度は高いと言えるでしょう。

私大連の「大学の教育・授業を考えるワークショップ」に参加された教員は、他大学と比較して進んでいるという印象を受けられたようです。

しかし、検討すべき事項、解決すべき点もあります。

実施時期も学期の途中に実施して、二週間くらいのうちに処理をして学期中に授業方法を改善できるようにすることも次年度には検討していきたいと思っています。

授業アンケートをなぜ実施しているのでしょうか。まず教員の講義の改善に役立てて欲しい、そして対外的には大学がどのような教育の改善をしているのか、外部に示す必要があると考えるからです。この点をもう一度再確認しておきます。まだ一度も実施されていない先生にはどの方式であれ、是非一度、行なってみてください。

授業方法の改善については、授業の公開をし、希望者に参観してもらうことにしました。一〇月一五日に担当者の会議を開き、開催の要領について検討しました。この文章が皆さんの目に触れる頃には、一部実施されていることでしょう。授業アンケートと同じように、実施していただく教員の講義の改善に役立てていただくことを目的にしています。あわせて参観者と成果を共有してもらいたいという趣旨から、年末までには研修会を開きます。授業を公開していただく先生にはまず感謝申し上げるとともに、一人でも多くの教職員のみなさんが参加くださるようお願いいたします。

私大連のFDのワークショップには今年度各学部一名参加していただきました。次年度は二名を予定しています。二〇〇〇年代に入ると、教育する学生を選ぶことのできない時代に必ずなります。志願者全入時代を目前に控え、教授法の改善が急がれます。

一二月　PCR（パートナーシップ・コミュニケーション・責任）〔組織〕

新年あけましておめでとうございます。いよいよ一九〇〇年最後の年となりました。年頭にあたり、教職員が日頃、仕事をする上において私が重要と考える三つの心構えについて述べたいと思います。

P＝パートナーシップ（Partnership）

大学は教員、職員、そして学生から成り立っています。組織的には、教授会、事務組織、協議会などに学園の理事会とか、後援会、同窓会などが加わります。日常的な大学の運営にとってもっとも重要なのは、教員と職員のパートナーシップです。

教員は教育と研究、職員はその支援にあたるのが基本です。教育と研究を理解し、その上で経営的なセンスをもった職員の育成に力を入れていく必要があります。学生の質の変化に伴い、教員は教育に時間を割かなければならなくなっていくでしょうから、職員はこれからの大学にとって大きな役割を果たさなければなりません。その際、両者の間に信頼関係をどのように築けるのか、これが大切なことです。パートナーシップは教職員間に限らず、他の組織との間でも同じようにキーになる言葉です。

C＝コミュニケーション（Communication）

九六年六月の視界にも「コミュニケーション」について書きました。大学は多様な組織から成り立っており、組織間のコミュニケーションをいかに図っていくのか、仕事をしていく上で留意しておかなければなりません。一つの課のなかにおいて、課と課の間において、課と部局長、学長などの間において連絡を取りながら仕事を進めていかなければなりません。課長に必要とされる基本的な能力の一つは、フォーマル、インフォーマルを問いませんが、コミュニケーションです。私がこうして毎月原稿を書いているのもコミュニケーションの一つです。一九九八年は特に部局間のコミュニケーションの不足を感じさせられた年でした。

R＝責任（Responsibility）

三つ目が責任です。学外に対しては、問題が起きたときには最終的には機関の長として学長が責任を問われます。役職者には役職に伴う責任があり、教職員には教職員の責任があります。問題が起きたことや問題を起こしたことに対しては、ルールに定められた責任をとる必要があります。組織を円滑に運営していくためには、個々の教職員は自己の責任に基づいて仕事をしていかなければなりません。高い役職になればなるほど、その責任は重いと言わざるを得ません。それは役職には大きな権限が伴っているからです。しかし、役職に伴う責任には軽重があるかもしれませんが、一人一人の教職員にもそれぞれ責任はあります。自分の仕事にはプロであって欲しいし、責任感を持って仕事をして欲しいと思います。

一九九九年から、この欄の名称を「視界」から「コミュニケーション」へ変えます。その理由は、大学の進む方向や課題、今直面していることなどについて書いてきており、「コミュニケーション」

の方が内容に適していると考えるからです。この欄は学長から教職員への一方的なメッセージかもしれませんが、できる限り率直に書いてきたつもりですし、これからも書いていきたいと思っています。何か意見があれば、遠慮なく、メールを下さい。

一九九九年度の課題については改めて明らかにしたいと思いますが、二〇〇〇年三月までに本学の将来計画をまとめることになっています。広島修道大学の二一世紀の基礎ができるように、本年も教職員のみなさんの協力をお願いいたします。

一月　新学部設置の際に考えなければならないこと〔教育組織〕

一九五二年（昭和二七年）、修道短期大学商科として広島修道大学はスタートし、これまで地域社会に多くの有為な人材を輩出してきました。一九〇〇年代最後の年に当たり、大きな社会的・歴史的な変化を背景として、広島修道大学は転機を迎えています。

本学は、約五〇年の間に短期大学を基礎にし、六〇年に広島商科大学商学部の設置、七三年に人文学部、七六年に法学部、そして九七年に経済科学部を増設し、四学部八学科三専攻、大学院も三研究科八専攻を数えるまでに発展してきました。学生数も約五八〇〇名を数える西日本有数の私学となっています。

しかし、過去五年間の一般入試の実質倍率（受験者数／合格者数）を見たときには、全学の倍率が九四年度は三倍ありましたけれども、毎年減少し続け、九八年度には二・二倍になっています。とくに昨年は二倍を割った学科が三つあり、ほとんどの学科や専攻が同じような結果に陥る危険性をもっているばかりでなく、志願者全入時代がいつ来てもおかしくない状況になっています。

その理由としては、一般的には、一八歳人口の減少、経済不況による学費の安い国公立大学志向、商経法学系学部の不人気、本学との関係では学費が私大連の平均よりも高いこと、九三年から九四年にかけての県内及び周辺県の公立大学における国際学部や情報学部、国際文化学部、社会福祉学部などの設置が考えられます。

関東関西の主要な私立大学の学部の設置状況を見ますと、大規模大学と中小規模大学の差が一層開きつつあるように思われます。慶応大学は総合政策学部と環境情報学部（八八年）、立教大学はコミュニティ福祉学部と観光学部（九八年）、法政大学は国際文化学部と人間情報学部（九九年予定）、さらに現代福祉学部と情報科学部（二〇〇〇年予定）、関西学院大学は総合政策学部（九四年）、関西大学は総合情報学部（九三年）、立命館大学は政策科学部（九三年）などの学部を設置しています。

こうした主要な私立大学や県内および周辺県の公立大学の学部構成を見たときには、現在の本学の商学部、人文学部、法学部、経済科学部という伝統的な学問分野を再構成する必要が迫られているのではないでしょうか。２０２０委員会は昨年九月に中間報告を出し、その後、新学部の提言を募り、様々な角度から本学の将来構想について検討を行い、三月末までには新学部についての輪郭をつくる予定で作業を進めています。

新学部を設置するとした場合に、考えなければならない重要な点をあげておきます。

まず、**時代や社会のニーズに対応すること。**少なくとも二一世紀の最初の一〇年間、情報化、国際化あるいはグローバル化、高齢化、環境・食糧問題などについて研究し、教育する体制を整備していかなければなりません。

二つ目に、**既存の様々なシステムを変えること**。現在のシステムをそのまま続けて、財政的に新しい学部を設置するわけにはいきません。教員の雇用形態の多様化や共通教育や外国語教育の在り方を見直さざるをえません。

三つ目に、**地域社会へメッセージを送ること**。大学は地域社会の重要な構成単位です。新学部の設置を通じて、新しい時代をリードし、大学も地域社会の活性化に貢献すべきであると考えます。これは本学の設立の趣旨にもかなっています。

最後に、**全学的な協力**。人文学部や法学部を設置した七〇年代とは異なり、現在は文部省による入学定員の管理が厳しくなっています。さらに本学は短大部の廃止を念頭に置きながら、学部間で定員を移動させて新学部を設置しなければなりません。過去と比べ、はるかに困難な条件の下で学部の設置改組を行わなければなりません。二〇〇二年は、図書館の増設が決定されており、設置経費を充足するのにもっともタイミングのよい年です。大学が存続してこそ、学部も存在できます。この点を理解していただきたいと思います。

三月　一九九九年度の人事異動（Ⅲ2）〔職員人事〕

一七名の職員の配置転換と二一名の昇任・昇格を、三月一八日に発表しました。九七年に職員の三四名、約三〇％、昨年は一六名の配置転換を行っていますので、異動する人数と異動する部局が限られてきています。

異動の基本方針は昨年と同じでしたが、今回改善した点と気がついた点について、いくつか述べておきたいと思います。

まず、**職員部長制度の創設**です。三月の理事会において、規定の改正が承認されました。機構改革の一つの眼目でもありました。九七年に八級から九級への課長の昇格と今回の主査から次長への昇任によって、一応、職員部長の制度と部長への昇任の条件整備ができました。ここにくるまでに三年かかったことになります。今回の方策によって、事務局長、職員部長、次長、課長と役職が段階的になりました。次長以上の職が限定されていたときと比べ、課長以上の役職者が意欲をもって働いていただけるようになったのではないか、と期待しています。

次に、**待遇職の整理**です。待遇職を完全に廃止するまでには、まだ検討すべき事項があります。今回は、主査から次長に、主幹補から課長補佐に昇任していただく形を可能な限りとりました。課長補佐への昇任は、課長を補佐してもらいたい、対外的にわかりやすい職名にしたいというのがねらいです。

三つ目に、**個人調書と人事に関する調書の作成**です。今年は、各自、個人調書を作成してもらいました。職員のみなさんは、書かれてみて、どのような感想をもたれたのでしょうか。教員は研究業績を毎年書く機会がありますが、職員にはありません。自分自身の仕事を振り返ってもらい、自分に何が欠けているのか、何をすべきか、考えていただきたいというのが、書いていただいた理由のひとつです。必要以上に、自分の業績を誇示する必要はありませんが、自分の経歴に毎年、つけ加えるものがどのくらいあるのか、考えていただく機会になれば幸いです。もう一つの人事に関する調書は、丁寧に書いて欲しいと昨年の「視界」で書きました。この点については全員の方がきちんと作成されたと評価しています。

職員の人事制度と人事政策については、かなり確立されてきていると考えています。

今後の課題及び問題点としては、教学と管理部門の人事交流に重点を置いた人事異動を行ったために、**各課における男性と女性の比率、課の年齢構成などへの配慮**が欠けていたようですので、その点を是正する必要があると思います。また、課長への昇任の基準、課長以上の役職者の評価も九九年度の課題となります。人の育成には時間がかかるということを改めて感じています。

一九九九年度

四月　一九九九年度の課題―二一世紀の広島修道大学の基盤づくり

五月　四月から五月へ

六月　新学部・第一案の審議について

七月　西日本三大学のネットワークについて

八月　一九九九年度の課題の進捗状況

九月　挟み打ちにあっている地方の私立大学

一〇月　啓明大学校申総長の来学と生涯学習フェスティバルの開催

一一月　インターンシップ報告会・西南学院大学五〇周年、そして白書の刊行
二月　成功したフリー受験制
三月　二〇〇〇年度の人事異動

四月　一九九九年度の課題―二一世紀の広島修道大学の基盤づくり（Ⅳ1）〔将来計画〕

四月八日一〇時から一五時過ぎまで、部局長会議を開きました。今年度は早めに、課題をまとめていただくように、各部局にお願いしていました。各部局の課題を明らかにし、全学の共通認識を作ることを目的とし、九六年の夏から全学で課題について話し合う機会を持っています。全学教授会、職員会及び部局長会議（部局長、職員次長、課長の合同）において、次のような内容の話をしました。

「一九〇〇年代の最後の年に、本学の母体となった短大の廃止を決定し、倉橋セミナーハウスを返還しました。一つの区切りをつけ、二一世紀の発展の基礎を築いていく、そういう時代の変わり目に来ています。地域にある大学として、**地域社会の発展に貢献できる大学**をめざしていきたいと考えています。」

一　新しい時代の学部と大学院

（一）短期大学部の廃止：五月の理事会において正式決定します。募集停止は二〇〇二年の予定。

（二）新学部の設置：新学部を設置する方向で、２０２０委員会及び作業委員会において、人文学部を二つの学部に分割改組する案を検討しています。申請は二〇〇〇年九月を予定し、後期が始まる頃までには結論を出すために鋭意努力をしています。
（三）学部の充実：新学部の設置と並行して、新学部と各学部のカリキュラムの相互乗り入れなど、改組をしない学部の充実も検討していきます。
（四）（仮称）経済科学研究科の設置：準備委員会のもとに作業員委員会を設置し、検討を開始しました。二〇〇〇年六月に申請予定。
（五）社会人の受け入れの推進：短大の廃止に伴い、社会人の受け入れを一層促進していきます。

二　キャンパスの将来像

（一）図書館の増設：学習環境整備検討委員会において検討しています。二〇〇二年に完成予定。
（二）建物の再配置計画：一九七四年に現在地に移転して、四半世紀を経過しました。現在、検討している図書館の他には建設の予定はありません。今後、二〇年あるいは三〇年間、何も建設しないということは過去の経験から考えにくいことです。学部の改組などをするときには、必ず、設置経費が必要です。さらに、ほとんどの建物の建て替え時期が一時期に集中するので、その時期を分散していかなければなりません。建築後四〇年を経過する二〇一〇年代に、三号館を改築の対象にしています。九九年度中にキャンパス全体のレイアウトを考え、基本金の先行組み入れを開始したいと思っています。
（三）研修施設：返還した倉橋セミナーハウスの代替施設を、財政計画に盛り込まれている一億五千万円（二〇〇一年）を基礎にして検討します。

三　ネットワークの構築

（一）大学：広島県内の一九の大学と短大の間で、単位互換制度がスタートしました。生涯学習についても広島県高等教育機関等連絡協議会において検討することになっています。

（二）地域社会（企業・公的な団体・市民）：本学独自のインターンシップ及び中国地域インターンシップをさらに充実。インターンシップを実施している組織のネットワークを構築していきたい。

（三）西日本3大学：西南学院と松山大学と共同してできる事業について協議を開始しました。広島県を越えた広域的なネットワークの形成をめざしていきます。合意できる事業から実施に移していきます。

この他、高校とは指定校と相互に協力できることはないか、卒業生と保護者については科目等履修料を減額するなど、緊密なネットワークづくりについて検討していきたい。

本年も多くの課題を抱えています。いつも言っていることですが、全入時代を目前に控え、本学が地域の大学として発展していけるかは、構成員が前向きに協力していけるかどうかにかかっています。私たちは広島修道大学丸という同じ船に乗っているということを忘れないでほしいと思います。

九月　挟み打ちにあっている地方の私立大学〔入試〕

「崩壊か！　飛躍か！　地方大学に明日はあるか？」と題するシンポジウムが「国庫助成に関す

表II-5-1　東京圏・大阪圏が人口・学生数・志願者数に占める割合

	東京圏（東京、埼玉、千葉、神奈川）	大阪圏（大阪、京都、兵庫）	総計
人口	30.4%	13.3%	43.7%
学生数	39.9%	18.0%	57.9%
志願者数	51.2%（東京）	17.8%	69.0%

る全国私立大学教授会連合」の主催によって一九九九年九月六日に行われました。その時にパネリストとして報告した一部です。

《志願者は東京一極集中》

学生数の東京圏・大阪圏の二地域に占める割合は表II-5-1に示したように五七・九％である。人口は四三・七％であるから、この二地域に大学生が集中しているのがよくわかる。志願者ではこの二地域がおよそ七割を占める。志願者は昨年よりも二％、東京が占める比率が上昇し、東京だけで五一・二％と、東京一極集中が進行しつつある。

地域単位で見れば、志願者数は東京が五・五％、近畿が四・三％減で、他の地域は軒並み一〇％を超す減少率である。もっとも減少率が高いのは北陸の二八・四％、甲信越は二三・八％である。平均でも九・四％の減少率である。

実質倍率が一倍台の大学も、ある予備校の調査によれば、中四国地域がもっとも高く六二・二％。北海道の五六・二％とつづく。ところが、関東はまだ二〇・九％、近畿は三一・九％と、一倍台の大学は二割から三割程度である。ここでも、この二つの地域の強さが目立っている。因みに、実質倍率一倍台の大学数は、九八年度は二三・三％であったのに対して、九九年度は三三・四％と約一〇％増えている。

昨今、大学を選ぶ基準の一つに就職があげられている。就職内定率も、関東地域は八七・七％、近畿は八三％と高い。これに対して、中四国は六八・一％、九州は六三・八％と低い。関東関西の学生がUターンして、地元で就職し、地方の私大を圧迫している印象が強い。

《地元では国公立大学が占める比重が高い》

もう一つ、地方の私立大学をめぐる現状を考える際には、**国公立大学との比較が必要である。**大都市に行くほど、私大が占める比率が高い。関東は八八・二％、関西七七・六％と、この二つの地域においては私大が占める割合が高い。これに対して、島根県には私大は一つもない。

地方では、**国公立大学が私学の経営を圧迫している。**その理由は、国公立の学費は私学よりも入学年度で三〇万円程度安く、教育環境が恵まれているからである。学生一人あたりの教員数で見ると、私学は国公立の二・五倍になっている（二五・六人対一〇・二人）。職員数では、公立の二・二倍である。バブルの時期に計画され一九九〇年代の前半に設置された公立大学は設備も新しく、学部構成も時代のニーズにあっている。しかし、経営的な観点から見れば、公立大学は経営規模が小さく（一大学の平均学生数は国立六二七四人、私立四三三〇人、公立一五三二人）、経営効率が悪く、自治体の経営を圧迫する要因の一つとなっている。さらに、地方に行くほど、官優位の意識が県民やマスコミに根強い。

関東関西の大規模な私立大学と地方の国公立大学に対して、地方の私立大学はどのように対抗していけばいいのだろうか。

二〇〇〇年度

四月　二一世紀に向かって―二〇〇〇年度の主な課題

五月　ラカイアセンター（クライストチャーチ・ポリテクニク）の竣工について

六月　人間環境学部の設置に向かって

七月　六月から七月へ

八月　多忙であった八月

九月　二〇〇〇年度の主な課題の進捗状況

一〇月　新しいサイクルへ

一一月　二〇〇一年度の事業を円滑に

一二月　進みつつある二一世紀の基盤づくり

一月　改革の立場に立つ

二月　創部四〇年

三月　二〇〇一年度の人事異動

六月　人間環境学部の設置に向かって（Ｖ１）〔教育組織〕

六月の臨時評議会において人間環境学部の設置が承認されました。

昨年度、大学の母体である短期大学部の廃止を決定し、その後、新学部の提案募集、それを基にして試案を示し、第一案人文学部の改組案、続いて第二案教養教育グループを基礎とした学部を検討してきました。今回は短期大学部の廃止、新学部の設置に伴う学生定員の移動、そして学部間の教員一人あたりの学生数の均衡化など、経済科学部の設置時に未解決の問題を解決しなければなりませんでした。それだけに従来の学部学科の新設とは異なり、全体と学部間の調整をはかるというむつかしさがありましたが、各学部長には問題解決の必要性を理解していただき、学部との調整にあたっていただきました。既存の学部から学生定員を少しずつ出していただき、新学部をつくるという方式は、大学全入時代を控え、本学にとって大きな意味を持つことになると思っています。学部長のご苦労に感謝申し上げます。

すでに将来構想（人間環境学部の設置について）の中で書いていますが、新学部設置の意義についてもう一度、述べておきます。

まず、新学部は二一世紀の主要な課題の一つである**環境**をテーマにし、環境と名のつく科目以外に、人口や食糧、エネルギー、福祉に関連した科目も置くことになっている点です。時代や社会のニーズに対応した教育研究体制をつくるという目的を達成できたと思います。

次に、他学部の学生を対象にした**人間環境学コース**の設置です。現在、他学部他学科聴講の制度はありますが、履修する学生にはわかりやすくありません。この点を少しでも解消し、学部間の連携を図る新しいシステムという点でも意義があります。

第三に**昼夜開講制**です。本学の短大卒業生から強い要望があった夜間の開講をすることになりました。さらに科目等履修制度を利用し、「人間環境学講座」も開くことになっています。

人間環境学コース、人間環境学講座、昼夜開講制などに加え、**単位ごとの学費の納入制度**も検討していきます。これらは、いずれも新しい試みです。

短大部の卒業生からは編入の第一期生になりたいという希望も寄せられています。

短大部の廃止、そして規模の縮小という道ではなく、大学が発展しながら短大部の廃止の方向へと向かうことができつつあると考えています。

建設的な提案が大学を変えていく原動力です。人間環境学部を提案していただいた教養教育グループの先生方には感謝いたします。まだ新学部の設置、それに伴う教員の移動と採用、既存学部の人事計画、そして共通教育の再編など、むつかしい問題が残っています。大学の発展にとって何が重要か考えていただき、ひきつづき教職員の協力をお願いいたします。

一月　改革の立場に立つ〔入試・組織〕

出足のよい出願状況。一般入試の志願者数は、最終的には昨年よりも四四二名、八・五％増の五六五二名になりました。経済科学部の志願者増、併願率の上昇（九九年一・三八、二〇〇〇年一・五五、二〇〇一年一・六二学科・専攻）、入試スカラシップの導入などの理由があげられます。他大学の状況は現時点ではよくわかりませんが、過去の本学の状況をみ、一八歳人口の減少が小康状態に入っていることを割り引いて考えても、上々の結果と言えます。九八年度以降八〇〇〇人前後の志願者をコンスタントに集めているのは、**比較的大きな改革を毎年実施してきていること**によります。九七年大学入試センター試験利用入試（前期）、九八年指定校推薦入試、九九年大学入試センター試験利用入試（後期）、二〇〇〇年試験日自由選択制、二〇〇一年入試スカラシップ制度の導入など。絶えざる改革こそが志願者の確保につながっています。

最近、新規の事業の提案をすると、まず新しい提案にどのような問題点があるか、それを指摘する意見を聞くことがあります。出発点は、した方がよいことは実行する、その上に立って議論を始めるべきです。問題点のない事業はありません。大切なことは改革をつづけること、どのような問題点を解決すれば改革が進められるのかという、前向きな姿勢が必要です。新しい事業はどのような条件がそろえばできるのか、今すぐにできなければいつならできるのか、問題点はどのようにすれば解決できるのか。また、他の大学で実施していて結果がよければ実施してみる、よくなければ止めるという試行錯誤でもよいのではないのでしょうか。

改革の姿勢こそが本学の発展につながります。このことを再確認しておきたいと思います。

三月　二〇〇一年度の人事異動〔職員人事〕

一月から三月までは年度末で忙しい時期です。毎週のようにある入試、次年度の準備、今年度は新学部に関連した業務、図書館の新設など。課長面談は、この時期に恒例となっている業務の一つです。各課の状況を知る大切な機会になっています。

「**教学を理解し、経営管理にも通じた職員の育成**」。これを九八年三月のこのコーナーに書きましたが、この基本原則は今年度も同じです。

とくに配慮したのは各課の業務遂行力が均等になり、可能な限り職場環境がよくなるようにということでした。育成するという観点が重要なのは言うまでもありません。新学部の設置や図書館の建設、コンピュータのダウンサイジング化など、現在進行中の業務に支障のないように考えました。

異動の人数は一三名。因みに、人事異動数は九七年度三三名、九八年度一五名、九九年度一六名、二〇〇〇年度二七名でした。原案を作成した日、時計を見ると、夜九時近くになっていました。原案の作成、審議にあたったメンバーは副学長、事務局長、事務局次長、人事課長、それに学長です。昇任昇格は課長から推薦のあった人を候補とし、審議しました。推薦があっても全体を見て、昇任昇格としなかった人もあります。

業務の多様化に対応していくには雇用形態を多様化し、業務を外部委託していくことは必要なことです。昨年からキャリアアドバイザー制度を設けたり、次年度から図書館の本の整理を一部外部委託していくのはそのためです。

懸案となっている人事考課の結果の公表ですが、次年度、なんらかの形で公表していくように人事課で検討してもらいます。考課者のみなさんも、公表を前提に目標面接を行ってください。

管理職の評価は、ひきつづき課題とします。

四年ぶりに二名の職員を採用しました。今までの職務・教育経験を生かし、働いてもらえるよう期待しています。新しい職場に移られた方は、新しい気持ちで働き、それぞれもっておられる能力を十分に発揮していただくように願っています。

二〇〇一年度
四月　二〇〇一年度の主な課題―二〇〇二年から二〇〇五年までの骨格を作る
五月　新しい修道大学に向かって―二〇〇〇年度の課題の達成状況
六月　加速される環境変化に対応しよう
七月　人事考課制度の改善へ
八月　絶えざる改革を―二〇〇一年度の課題の進捗状況
九月　広報の電子化を始める
一〇月　評価の時代―数値で評価する
一一月　発展的志向を―チナン大学九五周年に参加して
一二月　将来計画が承認される
一月　人間環境学部が設置認可される
一月一五日　高大連携を始める
二月　がんばっているぞ　修大（一二日）
三月　改革は有効であり、改革によって成果をあげることができる。

しかし、成果は永続的ではない。絶えず改革を続けていくしかない。

五月　新しい修道大学に向かって―二〇〇〇年度の課題の達成状況（VI 1）〔課題〕

五月二日から六日まで啓明大学校を訪問する予定でしたが、手違いがあり、予定はキャンセルとなり、家にいることができました。ジョージ・シーガルの展覧会や魚釣りに行くことができ、何年かぶりにゆっくりとした気がします。二〇〇一年度の課題を整理したり原稿を書いたり、そして一年分くらいの書類や雑誌の山を整理しなければなりませんでしたが。みなさんはどのように連休を過ごされたでしょうか。

前回のコミュニケーションで新年度の課題について書きましたので、二〇〇〇年度の主な課題の達成状況についてまとめておきます。

目標を達成できた課題は左記の通りです。

一　経済科学研究科の設置
二　図書館の建設
三　新学部の検討
四　共通教育のカリキュラムの改正
五　在学生スカラシップ制度

大きな課題で合意に至らなかった課題は、将来計画、とくに教育目標や理念などです。私の知る限り、評議会で教育目標など議論されたことはありません。理念は神々の争いになるわけですから、合意がむつかしいということがわかっているからかもしれません。2020委員会でもみんなで議論すべきという意見もあれば、学長のステートメントでよいといった意見もありました。評議会と教授会において共通の目標を創る努力を一定期間してみたいと思います。昨年度は抽象的な議論よりもしなければならないことをしていくという形でよかったのかなと思っています。三月及び五月評議会において合意できる事項と今後検討すべき事項を示し、一〇月評議会で学部の教育目標なども含めて審議していくことになりました。

入試スカラシップと在学生スカラシップ制度と合わせ、奨学金制度を見直したかったのですが、奨学金の未回収問題や新制度の設計が間に合いませんでした。五月評議会において新制度の提案をしました。何年もかかってパーフェクトにやるよりも、問題点を見通した上でできるところからやっていく、やってよくなかったら見直すという方がよいと考えています。企業のようなスピードも経営が厳しくなれば必要となるでしょうが、現状では合意に至るまでに時間が必要であるというのは言うまでもありません。

上記の課題は各々の学部と部局の成果です。一八歳人口が一四〇万人時代に入る二〇〇三年度に向けて、二〇〇二年度から新しい形でスタートするのが本学にとってベストです。ひきつづき、新しい修道大学を創っていくという気持ちをもっていただきたいと思います。

今年度から始めた入試スカラシップは四月四日に、もう一つの在学生スカラシップは五月一八日に表彰式を行いました。前者は入学式の後のために保護者が出席されていました。後者は一三五名という人数であったために、表彰式を行っているという実感がありました。この中には資格取得表彰者や学部行事を手伝う学生がいるということを学部長から聞きました。五、六名の学生に使い道を聞いたところ、留学のために使いたいという学生がいました。**この表彰が、学生たちを励まし、成績だけではなく、人間としても成長してくれる方向に役立ってくれればと願っています。**在学生スカラシップは対象者を決めるまでの事務的なプロセスに問題があったり、表彰式にも保護者を招いたり、表彰者に受賞の言葉をもらったりするなど、改善すべき点はあると思いますが、第一回の表彰を無事終えることができました。

基準づくりをされた学部や事務を担当された入試、学生、教務部の職員のみなさんに感謝申し上げます。スカラシップの制度は、相浦先生が入試センター長のときに制度づくりをして下さいました。また、在学生スカラシップの事務は学生部が担当することになりました。新規事業を始めるときはどこが引き受けるのか、問題になります。した方がよい事業はどうすればできるか、各課はどのような仕事を分担できるのか、といった考え方をしなければ、前には進むことができません。前向きな気持ちをもって仕事をしてほしいと思います。

七月　人事考課制度の改善へ（VI 2）〔課題・職員人事〕

六月に続き出張が多い月でした。コミュニケーションの原稿は毎月二〇日が締め切りになっていますので、六月二〇日から七月二一日までの私の主な学内外の予定を書いてみます。打ち合わせや来客は除いてあります。

六月

二〇日　広島県高等教育機関等連絡協議会役員会・総会
二一日　入試説明会（本学）
二二日　短期大学部同窓大会
二四日　広島ハワイ親善野球大会ウェルカムパーティー
二五日からキャンパスマナーアップキャンペーン開始
二七日　広島学生交流会館竣工式
二八―二九日　中国経済連合会の調査（松江・米子）
三〇日　戦後民主主義再検討研究会（東京）

七月

二日　啓明大学校日本セミナー開講式
三日　入試説明会（小郡）
五日　大学評議会、大学改革研修会
一一日　チーナン大学歓迎会
一二日　日本テレビ全国番組審議会委員長会議（東京）

一四―一五日　日本私立大学連盟学長会議（京都）
一六日　常務理事会、キャンパスセミナーハウス（仮称）建設委員会
一八日　広島テレビ番組審議会
一九日　修道中学校・高等学校教室棟　峻工・供用開始式
二一日　職員採用試験

二五日から**マナーアップキャンペーン**を始めました。ご承知のように四月から講義棟の禁煙や歩行中の禁煙を実施しています。成果をあげるために、交通マナーやCBC（キャンパス・ビューティ・キャンペーン）を含め、キャンペーンを始めたわけです。学生部長と学生課長が学友会の学生たちと何度も話をされましたが、キャンペーンを一緒にやろうというところまでいきませんでした。引き続き学生とは協議をすることとして、キャンペーンは実施しました。最初の二日間、私もキャンペーンに参加しました。二日目に商学部の先生が歩行中の禁煙を学生たちに上手に呼びかけておられ、感心しました。講義を受けている学生がいるわけですから、教員も一緒にやるのはよかったです。暑い中、学生部の職員と学生委員のみなさん、ご苦労様でした。

二日から始まった**啓明大学校の日本セミナー**は、本学が外国人を対象として実施する初めてのセミナーでした。研修の申し入れから実施までわずかの期間でしたが、国際交流センター課長の熱意によって始めることができました。広島日韓親善協会からは支援金、広島市には広島研究の講義や

見学に多大な支援をしていただきました。研修の輸出超過国から、これを期に少しずつ研修の受け入れ（輸入）もできるようにしていきたいと考えています。

職員の人事制度については、二つほど改善することにしました。

一つは**人事考課結果の公表**です。以前から公表の希望がありました。公表は段階的に実施し、今年度は三群の各平均点と評価できる点と改善して欲しい点を書いた文書を被考課者に渡すことにしました。

二つ目は、**管理職の人事考課**です。約四〇の人事考課項目を作りました。考課の項目でありますが、同時に管理職として心がけて欲しいことでもあります。課長会において意見を聞いた時に、所属課員による上司（管理職）の考課も行ったらどうかという意見があり、これも何らかの形で実施に移したいと思っています。

二つとも以前から懸案の事項でしたが、ようやく今年度から実施に移すことになります。意欲と緊張感を持って仕事をしていただくことに役立てば幸いです。いつものようにご意見をお寄せください。

八月　絶えざる改革を―二〇〇一年度の課題の進捗状況（Ⅵ3）〔課題〕

お盆休みに入る前に、前期までの課題の達成状況をチェックし、九月以降の大学評議会において審議していけるように委員会、会議、打ち合わせのための改革行程表を作りました。

例年のように二〇〇一年度の課題の進捗状況について報告しておきます。

一　人間環境学部の申請

四月申請、六月構想審査、七月教員業績の提出と進み、一〇月二三日には実地審査が行われます。

二　施設設備の充実

体育・文化クラブハウスの改修が二分の一済んだ段階で、専務理事・法人局長などと一緒に検収して回りました。暑い日で大変でしたが、ずいぶんきれいになりつつあると感じました。セミナーハウスの設計業者は九月中に決定する予定です。

三　将来計画

全学の教育理念・教育目標は今後の検討事項を課題として残し、各学部については八月の臨時評議会で中間報告をしてもらいました。学部・大学院によって進み具合が異なるようです。九月二〇日の教授会と研究科委員会をたて、一〇月の評議会で審議することになっています。

ビジネススクールは商学研究科と調整しながら２０２０委員会でも調査することになりました。

七月九日の２０２０委員会では、法学研究科に設けられたロースクール検討委員会の報告を受けました。２０２０委員会に法科大学院検討のために作業委員会Ⅳを置き、２０２０委員会としての案を作り、九月に間に合わなければ一〇月の評議会で本学の対応を決めたいと考えています。

経済科学研究科の博士課程の設置については、九月に２０２０委員会において報告を受ける予定です。

四　財　政

今年度のもっとも大きな課題の一つである貸与奨学金問題は評議会と理事会の審議を終え、学生との協議会においても意見を聞きました。二〇〇〇年度から検討を始め、二カ年間にわたりましたが、二〇〇二年度から在学中無利子、卒業後有利子の学習奨学金がスタートします。事務局長をはじめ学生課長、財務課長、総合企画課長などのみなさんの努力に感謝します。学生部長にはひきつづき残された課題を検討していただきます。

五　新学部の発足に伴う組織と人事

短大部は募集を停止しますが、学生は在籍し、新学部の昼夜開講が始まります。七月八月と検討を重ね、八月のお盆休みに入る前に教務部長・次長・課長、事務局長・人事課長と学長で教務部の職員数、勤務体制、課の体制などについて話し合いをしました。就業規則に関連する事項もあるので、大学の始業時間などは九月の評議会で審議できるように準備を進めたいと思います。

組織の話をしている時に、**委員数の削減**を考えて欲しいという意見が出されました。単に委員数の削減にするのか、もっと大きく組織改革まで行なうのか、少し検討してみます。

その他の課題としてあげた**アドミション入試**については入試センター長に原案を作成していただき、八月八日に学部長と意見交換をしました。九月には入試委員会を開催し、ＡＯ入試の全学的な導入に向けて各学部でも審議してもらいます。

啓明大学校の日本セミナーは無事終了しました。啓明大学校から急に申し入れがあり、国際交流課長の情熱によって七月に実施できました。多くの皆さんに協力していただきました。ようやく本学でも外国人を対象とした日本セミナーを実施でき、海外セミナーの輸出国になったわけです。**本学の国際交流の新しい第一歩**として特筆できます。啓明大学校の呂先生にも感謝。

職員の人事考課結果の開示及び管理職の考課などについては先月のこの欄で書きました。課題にありませんでしたが、自己発見レポート、満足度調査、授業アンケートなどを中心にして**教育改革研修会**を七月に開きました。今回初めて学科専攻、グループ代表に集まってもらいました。いろいろなレベルで意見を交換していくのもいいようです。

この研修会や学部の教育目標などの検討をめぐって、教員はやらなければならないことが多く疲れているとか、少しは遅くなってもいいのではないかという声を聞きます。そうかもしれません。しかし、他の私大の広報を読み、学長と話をしていると、がんばっているという印象を最近強くもちます。気を緩めた大学は脱落していくしかない。新学部の設置、全学的なカリキュラムの改正、図書館の建設。二〇〇二年は創立五〇年を迎えます。**絶えざる改革**こそが西日本の中核的私大でありつづける唯一の道であると、強調しておきます。

一一月　発展的志向を－チーナン大学九五周年に参加して〔国際交流〕

一一月一五日から一八日まで、広州にある本学の姉妹校チーナン大学九五周年の記念式典・シンポジウムなどに出席しました。九〇周年に続き、二回目の訪問になります。あいかわらず各種行事が朝早くから夜遅くまで組まれていましたが、アメリカ、韓国、フランス、ドイツ、台湾など世界各地から出席者があり、盛大な記念式典でした。日本からは学生と教員の交換をしている神戸商科大学長が、チーナン大学と現在交流を検討中の本学の姉妹校・淑明女子大学からは教務部長が参列されていました。

今回驚かされたのは、チーナン大学の発展振りです。学生数が一九九五年七九七四名に対して、二〇〇一年一万七九五九名になっています。六年間で二・二五倍増です。特に大学院生は六一五名から二五二九名へと増え、四・一倍。留学生数は一九八二名から四八九三名になっています。

中国の進学率は、現在一一％。日本の高等教育の進学率は、六三年が一五・五％、七三年三二・七％です。二倍になるのに約一〇年かかっています。本学で見ると、人文学部が設置される前の年の総学生数、商学部単独時代が七二年二七〇八名、法学部が完成年度を迎えた七九年が五一六〇名。七年間を比較しても二倍になっていません。チーナン大学はもともと華僑の師弟のための大学ですから、留学生数はさておき、大学院生の全体の学生数に占める比率は高いです。中国が日本のような進学率になるのは少し先のこととしても、生活水準の向上によって、ますます進学率が高くなるのは間違いありません。また、二〇〇一年度、中国から日本への留学生が前年度比三六・三％と増えていることからも、中国の進学熱を伺うことができます。中国の人口は一三億人を超えるので、高等教育市場は大きいです。

もう一つは、第四、第五のキャンパスを珠海に建設中でした。珠海は広州から高速道路で二時間。道路の脇にはバナナの木が植えてあり、暖かい気候です。マカオから通う人もいます。キャンパスの用地は珠海市が提供し、珠海には北京大学や清華大学などチーナン大学も含め、五大学が進出するという気宇壮大なプロジェクトです。

日本では一八歳人口が減少し、国立大学の統廃合や法人化、私大の定員割れを考えると、本格的に中国の大学との連携を検討すべきではないでしょうか。語学学校と提携した一年次生からの入学、基本的な日本語教育を終えた三年次から編入の受け入れなど。中国に一棟くらいの校舎を立て、そこで本学の学生の教育を行うとともに、中国学生に日本研究を教育するような考え方はできないでしょうか。縮小志向に陥っている日本人には、発展しつつある国を見て、元気になる必要があるように思いました。

一二月　将来計画が承認される（VI4）〔将来計画〕

一二月六日の大学評議会において、財政計画を除き、将来計画が承認されました。

当初、二〇〇一年度のスタートを目指していたわけですが、二〇〇二年度の新学部発足、全学的なカリキュラムの改正などがあり、今日まで延期していました。すでに二〇〇〇年度頃から、新学部の設置の決定やスカラシップや基金の積み立てなど財政面の改革が進み、大規模な改修などが先行していましたので、後追い的な面も否定できません。時代の環境変化も激しく、長期計画あるいは中期計画は一応の目安ということでしょうか。

今回の将来計画は、まず、二〇〇二年から二〇〇五年までが第一期となります。先行的に新学部の設置、図書館の建設というビッグプロジェクトが進んでいますが、一八歳人口の減少が急速に進んでいく入り口になります。この**第一期を乗り切るための計画**と言えます。

全学、そして学部学科、大学院の理念を見直し、新しく設定し直したという点においても、意義があります。学部の設置から二〇年、三〇年経っても、本格的な見直しの議論をしていなかったのですから。大学基準協会などの相互評価などの際には理念とか、教育目標をもとに評価されます。

学長のステートメントという意見もありましたが、教務部長のみんなが議論することに意義があるという意見はもっともなことですから七月から九月までの期間を設け、議論していただきました。今後、これを土台にし、評価と点検をすることができます。

達成手段とか到達度の検証法、目標の数値化も取り入れた点に新しさがあります。議論が多く、批判ばかりで実行をしないというのが、どの大学ももっている共通の体質です。事後評価時代に適合した大学作りの第一歩になるのではないでしょうか。

今後、財政計画を入れて三月の理事会に間に合わせたいと思います。しかし、これで終わりではなく法科大学院など次の検討課題があります。二〇〇九年までの厳冬期に向かって次の発進をしなければなりません。

本年度の大きな課題がほぼ終わったことになります。この一年間、教職員の皆さんのご協力に感謝し、三月までの任期内に残された課題に取り組みたいと思います。お礼を申しあげ、本年の締めくくりといたします。

一月　人間環境学部が設置認可される（VI 5）〔教育組織〕

一二月二〇日、新学部が設置認可されました。立場は異なりますが、八九年の国際政治学科、九六年の経済科学部、二〇〇一年の人間環境学部と、二学部一学科の認可に立ち会わせてもらうことができました。認可も国際政治学科の時よりはずいぶん簡略化され楽になったと言えますが、一八歳人口が増える時代ではないので、短大部の廃止から新学部の設置に至るまで教員定数と学生定員、社会科学系か複合系か、適用される基準などに、今回の苦労がありました。これで、本学も五学部の体制となり、大学の収容定員は五〇〇〇名を超え、私大連の学生定員数による分類も一つ人数が多いランクになります。

私は、この学部が本学の旧弊に囚われず、新しい試みをする学部であって欲しい、とは言え、管理運営面において、他学部とうまく歩調を合わせ、大学全体の運営にも配慮して欲しい、と願っています。

七三年に人文学部、七六年に法学部、九七年に経済科学部と新しい学部を設置してきました。人間環境学部は、一つの学部ですから、教員数や学生数に関係なく、他の学部と同じように、運営委員会や大学評議会にメンバーを送り、五月からは学園の理事にもなるという自覚をもって欲しいと思います。新しい学部が設置されてよかったと学内構成員のみならず地域社会からも歓迎されるようになって欲しいと切に願っています。

設置申請にあたられた新学部長、設置準備室長、学長室長の各先生、また、総合企画課長をはじめとする、多くの教職員のみなさんに感謝申し上げます。

二月　がんばっているぞ　修大（一二日）〔入試〕

二〇〇二年度の入試は、現在のところ、一般入試とセンター前期試験、推薦入試などを合わせると八四〇〇名。昨年に比べ、二・八％増。少し志願者が増えました。一八歳人口が横ばい状態であり、新学部の設置によって定員が増えていることを考えると、まずまずの成績です。地方の主な私大のホームページを見ると、東北を除き、志願者数が微増という大学が多いようです。

一九九七年と二〇〇一年の地方私大の志願者数を、河合塾の発行した Guideline（一九九九年六月）と「平成一三年入試はどう行われたのか」（アローコーポレーション）のデータを基に比較してみました。九七年の時点で八〇〇〇名以上の志願者のいる私立大学は北海道三、東北一、中部八、中国四国三、九州六、総計二一ありました。五年経過した二〇〇一年では、北海道三、中部一、中四国一、九州三の大学が八〇〇〇名以下の志願数になり、八〇〇〇名くらい以上の志願者を集めている大学は一三になっています。比率では四〇％の減少です。九七年との対比で、九〇％から一〇〇％にとどまっている私大は中京、名城、修道、西南の四大学、南山は一〇〇％を超える志願者を集めています。九八年度との対比で一〇〇％を超えているのは本学と南山の二大学です。本学は、地方の中規模大学としては志願者数が減っていない、数少ない大学であると自負してもよいと言えます。因みに一万人以上の志願者を集めている大学数は中部五、九州三、東北一です。

志願者数の増減は何によって左右されるのでしょうか。教育内容、施設設備、立地、授業料、就職率、卒業生など、各種の要因によって決まっているのでしょうが、はっきり言えるものはありません。しかし、志願者数が維持できているのは、入試制度を始め、さまざまな改革を進め、それが評価されているからだと確信しています。

本学は、毎年、全学的に大きな入試制度の改革を心がけてきました。センター入試の全学的導入。本学に来たいという学生には**受験日自由制度**はとくに効果があり、併願率が導入前の一・三八（九九年度）から一・六七（〇一年度）になっています。スカラシップ入試の志願者数は昨年に比べ五〇

％増えているが、志願者増に結びついているかどうか、はっきりしません。

しかし、いい要因ばかりではありません。センター試験の志願者が全志願者に占める比率は、九七年は二〇％、二〇〇一年は三〇％に増えています。募集定員で見ると、一般入試定員の比率は七九・七％から六四・四％へ減少。今後、一般入試の志願者数が減っていくことが予測されます。厳しい冬の一時的な現象でしょう。

次年度からは、ＡＯ入試の導入を全学部で検討していただいています。ＡＯ入試は入学定員確保の最後の手段です。一昨年、導入はまだ早いのではないかという意見がありましたが、いずれ全入になることを考えれば、早く実施し、よい制度にしていく必要があります。

本年度の志願状況を調べるために、他の大学のホームページを見ていると、一般入試の方法もなお、改革の余地が残されていると思いました。志願者数は大学構成員の元気の源であり、大学評価の物差しの一つですから、ひきつづき、智恵を絞り、入試制度の改革をつづけてほしい。

三月　改革は有効であり、改革によって成果をあげることができる。しかし、成果は永続的ではない。絶えず改革を続けていくしかない。（一八日）

九六年から「視界」、九八年一二月からは「コミュニケーション」というタイトルで『広島修道大学広報』に書いてきましたが、これで最後になります。数えてみますと、総計七一回になります。当初、途中、母が亡くなったり、不祥事が起きたりした時などを除き、欠かさず書いてきました。

なぜ一人でずっと書かなければならないのか疑問を持ち、他の役職者にも寄稿してもらうことを検討しましたが、文責は誰が取るのか、といった意見もあり、結局、一人でコンピュータの画面に向かうようになりました。学長が「こういうことを書いていた」とか、「読みました」という声を聞く反面、一般的にはどの程度読まれているのか分からず、自己満足のような気がし、また大変なエネルギーを必要としますので、二期目に入り、中止を検討したこともあります。学長が何を考えているのか、大学がどちらの方向に向かっているのか、構成員が理解できるので、続けた方がよいという結論に達し、今日まで続けてきました。一ヶ月はすぐ経ち、何を書こうかと考えあぐねることもありました。何かを実行し、考えないと書けないわけですから、少なくとも私には意味がありました。

私のもとに来る中国ニュービジネス協議会のニューズレターや小泉首相のメルマガがヒントになり、昨年の一〇月から広報を電子化しました。最初、「視界」では字数に限りがあり、「コミュニケーション」に変えた後は長くて一ページまででした。電子化とともに、回数が月に二回になり、読みやすさを考慮し、字数も少なくしました。電子メールを使って、学生の意見を聞き、学生向けホームページを開く方法もありましたが、忙しさを理由に実施しないままに今日に至りました。

六年間は過ぎてみればあっという間ですが、やはり長い歳月です。この間、修道大学のことがいつも頭から離れない毎日でした。金曜日から日曜日にかけて月曜日の運営委員会の準備をし、月曜日が終ると少しホッとし、火曜日からまた一週間が始まり、会議日の木曜日が終ると、また次の週の準備をする、この繰り返しでした。東京への出張と市内での会議を除き、大学にいる時は会議の打ち合わせと会議の連続で、極端に言うと、四階の学長室と会議室・食堂の間しか歩かない日も多かったです。

四月の入学式が終わると一、二週間は一年で最も気分的に楽な時期でした。五月連休後の本格的な始動に向けて準備を始めます。前理事長は、県知事の時代に五月の連休が終わると、県庁の職員に課題のメモを渡されていたということを県政のヒアリングをしていた当時に聞きました。私も連休はそういう準備に費やしていました。夏休みには課題の達成状況のチェック。そろそろ次の年度に向かって予算の審議の開始、次年度に実施する事項の制度と規定の準備。秋には各種の入試の開始、一月になると、毎週のように入試。次年度の課題の準備と卒業式、すぐに入学式と一年のサイクルが回ってきました。

私が赴任した当時の学長の隅田哲司先生は任期の最後の頃、心労が重なり、病気になられました。病気になると、大学に迷惑がかかるので、健康に気をつけました。

戦後広島にもおられたことのある上智大学の土田将雄元学長が、ある雑誌に、あいさつ文を自分で書かなくなったら、学長の辞め時だという文章を読んで、なるほどと思い、どんな小さな文章でも自分で書いてきました。

一期目は大学にできるだけ早く来て長くいるように心がけました。二期目に入り、自分で考える時間を取るために、土曜日や日曜日に行事、会議、入試などがあったときなどは週の途中で半日でも家にいるように心がけました。南山大学のH・J・マルクス学長は、私大連の理事会の帰りに上智大学に寄って英語とドイツ語の雑誌を買って、名古屋までの新幹線の中でワインを飲みながら、その雑誌を読むのが楽しみであると言われていました。私にとっても新幹線の中は、まとまった本が読める解放感のあるスペースでした。

人間環境学部の設置と図書館、セミナーハウスの建設、学部のカリキュラムの改正、学生の課外活動の支援、計画的な財政制度の構築、職員の人事制度……など、第一段階の発展の基礎を、教職員のみなさんと創ることができました。今後、すべきことはすべて『将来構想』の中にあります。協力していただいた教職員のみなさんにお礼と感謝申し上げます。最後に、「私大の経営課題・学部の独自性よりも共通性の重視」（『ＩＤＥ』二〇〇一年一〇—一一月号、本書九四—一〇三頁）の中に書いた「改革は有効であり、改革によって成果をあげることができる。しかし成果は永続的ではない。絶えず改革を続けていくしかない」という言葉を締めくくりとします。六年間、ありがとうございました。

6 図書館建設と将来のキャンパス

学生がいつも机に座っている姿が見える。図書館が建設されてよかったと思う瞬間である。どんなに豪華な図書館が建設されたとしても、利用されなければ宝の持ち腐れである。

図書の貸出冊数は一・三倍になった。

グループ学習室や研究個室も使われている。

新図書館が建設され、私語をして騒々しいということがなくなった。

図書館の建設が最初に検討されたのは一九八〇年代末に遡る。しかし、図書館建設の費用は教室棟とハーモニーロードに化けてしまった。その間、蔵書の増加には集密書架によって対応した。

図書館の建設は教育研究の中心であるという認識の下に、学長に就任した一九九六年に図書館の建設を決め、九七年度から五年間約四億円ずつ基本金の組み入れをした。二〇〇一年度着工、二〇〇二年の完成をめざした。

学習環境整備検討委員会を設置し、一九九九年一月から検討を開始した。三次に渡り報告書を出してもらった。コンセプトは次の三つ。

① 学習図書館機能の整備
② 電子図書館機能の充実

③　蔵書収容能力の確保

新図書館のもっとも大きな特徴は旧図書館と新図書館を一体にした点にある。

本学のキャンパスは、一九七四年に広島市内にあった旧広島空港の近くから総合移転し、日建設計の設計監理によって建設された。新旧一体型の図書館構想は、本学のキャンパスと建物を知り尽くした日建設計でなければできなかった。図書館構想の検討の途中、自動書庫の意見も出たが、新旧一体型を支持する意見が教職員に多く、結局、一体型になった。

私自身、建設に直接的に関与したのは、今回が初めてであった。経験があったら、違った形になったかもしれない。それがよい結果になったかどうかわからないが。

次に、建設位置は、もっとも学生の導線上よかった。わざわざ図書館に行かなくても講義棟に近く、自然と図書館に学生たちが吸い込まれていっている。

三つ目に、図書館の外壁の色である。本学のキャンパスは一九七〇年代に造られた。当初の建物はコンクリートの打ちっぱなしである。当時は斬新であったかもしれない。しかし、成熟した社会に入った今、灰色というのはあまりにも無機質である。この点についてタイルの色の提案をしてもらい、ベージュになった。二〇世紀初期のオランダ・ヒルヴェルスムの市庁舎の色に近いと言う。

四つ目に、建設のための資金である。本学は過去、建設のために計画的に資金の積み立てをしてこなかった。毎年図書館の建設のために積み立てをした意義は大きい。

今後のための教訓として、建設のための検討に取りかかるのは早いほどよい。九七年に建設を決めたのだから、理由があったにせよ、もっと早く検討に入ればよかった。建設に入れば、その都度考えなければならない事項は出てくる。

九九年度に「校舎等建替計画」を立てた（一〇二―一〇三頁の図II‐2‐1、図II‐2‐2を参照）。これは修道中学・高校が建替を検討している時、大学は今後どうするのか、と気づいたからである。運よく旧キャンパスを売却した資金を新キャンパスの建設にあてることができた。次はどうするのか。日建設計にお願いして、老朽度調査を行い、建替計画を立ててもらった。一度に建て替えると、教育に支障が出る。二〇三〇年代まで四期に分けて一〇年単位で建て替える計画であった。なるほどと感心させられた。早速、毎年、建て替えのために必要な費用の積み立てを始めた。

最後に、コンセプトの継続性である。当初は日建設計がキャンパス全体をデザインした。時間の経過とともにその時々の事情によって、キャンパスのデザインのコンセプトは失われつつある。誰が統合的なコンセプトを保障するのか、これからの大きな課題である。

新図書館が将来のキャンパス構想の第一歩になって欲しい。

私一人が何もかもやったように書いてきたけれども、そうでない。多くの教職員、学外の理事、そして日建設計の尽力による。

当初のコンセプト通り、学習図書館の機能を果たしているのがもっともうれしい。

III 教育機関連携

1 多様な教育機関による連携

1 私立大学にはなぜ統合・再編がないのか

「なぜ私立大学にはM&A（合併・買収）がないのか。」

ある中小企業経営者の経営サロンにおいて大学経営に関する講演をした時にあった質問である。

「メリットがない。学校法人は不動産を所有していても、大学を経営している限り、売却できないし、現在不動産を売却できる状況にない。救済して欲しいと思っている学校法人は深刻な労使間の対立を抱えている場合も多い。そこまでして吸収合併をしなくても、学部学科の設置は緩和されている。ただし、私がオーナー経営者であって、資産を一定期間保持して売却して利益をあげようと思えば別でしょうが。」

これが私の答えであった。

一般的に言って、合併によって運営の効率化、規模のメリット、社員数や店舗数の削減による経費の節減などの点において、企業は利益を享受できる。

このようなメリットがあると分かっていても、学校法人に合併がないのは企業のように利潤をあげることが目的でないためかもしれない。学校法人の経営者にそういう力量がないためかもしれない。

また、学校法人の組織形態にも問題があるのかもしれない。つまり、学校法人の解散・合併には、法人内部をはじめとして承認を得なければならない組織が数多くある。理事会、評議員会、教授会、評議会、そして文部科学省。これもM&Aを消極的にしている理由かもしれない。

さらに中小規模の学校法人は苦労して設立された自営業という側面も持っていることも、M&Aをむつかしくしているのだろう。

2 強制される国公立大学は統合再編される

私立大学に対して、設置者が文部科学省である国立大学や地方公共団体が設置者である公立大学では状況が異なる。設置者が強制するからである。国や地方公共団体の財政状況がよくないのは周知の通りである。これが全てではないとしても説得的な理由である。

二〇〇一年に公表された「**大学（国立大学）の構造改革の方針**」、いわゆる**遠山プラン**に基づき、二〇〇三年一〇月一日から二〇の国立大学が統合された。このプランは三つの柱からなり、そのうちの一つが「国立大学の再編・統合を再編を大胆に進める」であった。「大学もある程度の規模をもってこそ、自主自律の運営がいっそう可能となる面もある」との考えからであった。後に遠山は「一連の『大学改革』が他の分野での『構造改革』と遭遇する中で、改革のエネルギーが高まり、加速された」と述べている（遠山敦子『こう変わる学校、こう変わる大学』講談社、二〇〇四年、一六一頁)。

統合後の国立大学数は九七校から八七校に減少した。東京水産大学と東京商船大学は東京海洋大学となる。一〇組のうち七組までが地方の国立大学と医科大学の統合である。地方の国立大学は医学部を持つ総合大学となって規模は大きくなり、地方の私立大学にはますます太刀打ちできない存在となる。二〇〇四年の四月には国立大学が法人化された。

公立大学では神戸商科大学、姫路工業大学、兵庫県立看護大学の三大学が二〇〇四年の四月に統合され、兵庫県立大学になった。二〇〇五年四月からは東京都立大学、東京都立科学技術大学、東京都立保健科学大学、東京都立短期大学は首都大学東京に、広島県の県立広島女子大学、広島県立大学、広島県立保健福祉大学の三大学は県立広島大学に統合された。二〇〇七年一〇月からは大阪大学と大阪外国語大学が統合されると言う。

国公立大学の再編統合が着々と進められつつある。

同じスタートラインに立っていない国立大学と私立大学の間の競争は、国立大学にとってますます有利な競争となる。

経済的な理由によって、合併が進むケースもある。市町村合併である。二〇〇一年八月、市町村合併支援プランが制定されたが、円滑に進まなかった。新しい市名や市庁舎の位置をめぐって、あるいは首長と議会が対立して、合併がなかなかまとまらなかったのである。しかし、合併特例法が切れる二〇〇六年四月には、二〇〇二年四月の時点で二二一八市町村数は一八二〇になる予定である。手厚い財政的支援と地方交付税の減少、つまりアメとムチが効果があったことになる。

3　連携が成功する要因は何か

大学間連携が盛んになっているのはなぜだろうか。

元の企業名が思い出せなくなっている金融機関を筆頭に、合併が繰り返されている企業や省庁の再編統合、市町村合併などが進められつつあるという日本社会の状況が底流にある。大学も社会に開かれるべきだという社会的な要請も、連携が試みられている理由だろう。そして大学開放を支援する文部科学省の補助金政策や大学評価の項目として大学間連携が上げられていることによる。

私の経験を踏まえながら、連携が成功する要因を考えてみよう。

一九九七年に「協力し連携することによって広島の高等教育機関全体がレベルアップし、魅力あるものとなる」ことをめざして「広島県高等教育機関等連絡協議会」（以下協議会と略記）の結成を提唱し、翌年、三〇の大学と短大がこの組織に参加した。学部レベルの単位互換と生涯学習講座を二本柱とする協議会の事業は、この五年の間に、広島県全域での高大連携事業、広島県教育委員会と共同で実施しているボランティア活動を支援する地域貢献事業なども実施するようになり、地域の教育機関との連携を次第に強めつつある。

振り返ってみると、出発点において、広島県が事務局を引き受けてくれたことが大きい。会員校の間には、お互いに競争関係もあるが協力もしていこう、全入時代に向けて何かしなければいけないという気持ちも根底にあったに違いない。

西南学院、松山大学、広島修道大学の三大学連携を提唱し、『西日本新聞』にも大きく取り上げられた。三大学を相互に訪問し、連携事業について協議したけれども、最終的には連携するまでに至らなかった。原因はいろいろあるだろうが、今から思い起こすと、実質的な交流内容とそのメリットを見出せなかったことが一番大きな要因だろう。何について交流するのか、明確にするのが重要である。

協議会の場合は生涯学習と単位互換、いずれを先行させるのか、当初、議論があった。学内を説得するには単位互換から始めるのがよいという意見があり、とにかく始めることが大切であったので、直接的な利益がある単位互換を優先させた。結果論ではあるが、具体的な利益を享受できるテーマから始めてよかった。

始めなければ何も生まれない。
初めから完成した組織はない。
連携推進者とそれを支援する人たちの存在も不可欠である。

4　これからの大学間・高大間の連携のテーマ

二〇〇二年三月に、私大連の加盟校が中心になって、大学事務受託会社、エデュースが東京で設立された。当初コンピュータのソフト開発を中心にしていたこの会社の運営は私大連がするのか、といった議論が内部でもあった。結局、早稲田大学や中央大学などが中心になって、関西の大規模私大は参加せずに会社が設立された。

これほどの規模、また株式会社でなくても、NPOの組織形態をとって、地域に複数の大学事務を処理する事務センターが設置できないものか。私立短大は閉鎖されつつあるが、定型化された業務の委託を受け、事務コストが削減できれば、分野によっては短大も存続も可能となるのではないか。この波は四年制大学にもすぐに及ぶので、私立大学間では経営の効率化という面からの連携が期待される。

一挙にここまでいくのがむつかしければ、資格課程を共同で運営するというのはどうだろうか。履修者数が少ないが必要性の高い科目を集中講義で、輪番で開講することから始めるというのも一つの方法である。

県境を越えた連携も視野に入れる必要がある。首都圏や近畿圏、中部圏などではすでに一、二時間かけて毎日、県境を越えて通勤、通学している。その他の地方でも県境を越えて、買い物や病院に行ったり、大学生や高校生は通学している。市町村合併がある程度めどが立ち始め、地域によっては道州制の議論も始まっている。この面からも県境を越えた大学間、高大間の連携の充実が望まれる。

連携は国内にとどまる必要はない。一つの連携組織が外国の大学や地域連携組織と提携してもよい。一つの大学ではカバーしきれない領域を複数の大学によって補う。

連携のテーマというには生々しいが、連携組織は経営破綻した大学の学生救済の器としても機能できる。連携組織自体に単位認定権があるわけではないので、転学情報、可能であれば転学に際しての便宜を図る。私大には国公立大学のように再編統合を強制する力はない。強制する力があるとすれば市場しかない。私立大学は次々に大学債を発行しても買い手があるわけではない。私立大学が経営破綻しても、文部科学省が救済しないというのはいくつかの例を見ても明らかである。連携を通じて相互の理解が深まり、いざというときに少なくとも学生の救済ができるようになれば言うことはない。

5　社会性の涵養に連携して取り組む

ここまで書いてきた連携事業が私大間にのみ限定されるべきなのだろうか。私立大学が連携協力して国立大学に対抗するというのも経営的な観点からすれば一つの戦略であるが、むしろ連携協力できるテーマには設置形態の違いを超えて取り組むべきだろう。

最近、どの大学においても社会性の欠如した学生の事例をよく耳にする。『教育を問う』（日本経済新聞社、二〇〇一年、七一頁）には、関西のある私立女子校の次のような話が載っている。

「教科書を机の上に出そうともしない。眠るのは当たり前。私語をやめるように注意したり、教科書を出させるのにエネルギーの大半を使う。終業時刻が迫ると、『バイトに遅れるからもうやめてーな』と授業の打ち切りをせがむ。」

なぜこのようなことが起きているのか、原因についてはさておき、これは高校や大学に限定されない大きな社会問題である。

教育ネットワーク中国は広島県教育委員会からボランティア参画論の寄付を受けている。社会性の涵養というような問題に対しては、多様な教育機関と組織が連携協力して取り組むのによいテーマである。

大学（私立、県立、市立、国立）、短期大学、高専、大学校、高等学校、教育委員会（県、市）。組織の目的によっては企業や経済団体が加わってもよい。

連携し協力するテーマは、効率化や相互扶助といった狭義の大学間連携にとどまらず数多くあり、多様な教育機関による連携の意義はますます高まっている。

2　大学連携から小中高大連携へ

1　地域社会を創っていく

二〇〇五年一一月、広島県の矢野西小学校において小学校一年生の女児殺害事件が起きた。一九九七年に神戸市で小四女児、小六男児が殺害されてから、一二月まで九件の幼児児童の殺害事件が起きている。こういった事件が起きる原因はいくつかあるだろうが、根底には地域社会が変質し、地域社会において人間同士のつながりが少なくなり、子どもたちに町の人たちの目が行き届かなくなっていることに起因している。

『歴史の終わり』を書いたフランシス・フクヤマは、アメリカの都市の地域では、町の人たち、とくに店の主人は犯罪が起きれば商売の妨げになるので、自分の店の外で何が起こっているかにとても敏感であったと、述べている（『「大崩壊」の時代』早川書房、二〇〇〇年）。フクヤマはこの本の中で、犯罪率や離婚率、失業率の上昇は工業型社会から情報化社会への移行期に起きるといっている。フクヤマが言うように、これらが移行期に起きる過渡的な現象かどうかわからないが、少なくとも町を構成している店と人たちが変わっているのは事実である。

少し前では、日本の町には八百屋、魚屋、肉屋、酒屋、米屋、電気店などの店があった。今あるのは、スーパー、コンビニ、ファーストフード店などである。前者は自営業であり、店舗と住居が一つになっていた。店の人とお客は言葉を交わし、買い物をする。これに対して、後者はチェーン店で、アルバイトが中心で運営されている。働く人たちはそこに住んでいるわけではない。スーパーで買い物をしても、パートの店員が機械的な挨拶をするだけで、それ以上の会話が店員との間にあるわけではない。便利さ、速さと安さがキーコンセプトである。

また、地方の中小都市の駅前に展開された商店街はシャッター通りと言われているところも多い。郊外に大規模な複合型店舗が作られ、駅前の小さな店は経営が成り立たなくなり、町が空洞化しているからである。

今年度、私の子どもたちが通っていた小学校の学校協力者会議に出ている。女児殺害事件が起きると、学校協力者会議が招集され、その対応について協議した。そこに集まったメンバーの肩書きはＰＴＡ、体育協会、青少年健全育成協議会、子ども会、町内会、社会福祉協議会の会長などである。職業は主婦、建築士、漢方薬局店主、不動産業、郵便局長、大学教授などである。現在、地域社会において人間的なつながりがあるのは、これらの組織と人たちである。かつてのように自営業を中心とした人たちの自然的なつながりはなく、意識的につながりを創っていく必要に迫られている。

大学は地域社会そのものを所与のものとして、この社会との関係を考えていたけれども現在では地域社会は自然にあるものではない。大学は小中高校や教育委員会などと連携して、地域社会を創っていくという視点と行動が求められている。

大学を中心とした連携組織である教育ネットワーク中国の活動を取り上げながら、地域社会と大学の関係について考えてみたい。

2　教育ネットワーク中国の活動

一九九八年四月に、教育ネットワーク中国は、当初、広島県高等機関等連絡協議会として三〇の大学短大が参加して設立された。「協力し連携することによって、広島の高等教育機関全体がレベルアップし、魅力あるものとなること」を趣旨とする呼びかけをしたとき、すぐには賛成を得られなかった。しかし、志願者減少、全入時代に向けて、大学の魅力を増していくためにプラスになることならできることは積極的にした方がよいという気持ちから、数名の学長に賛成してもらい、組織を設立することができた。

教育ネットワーク中国は当初、大学間の単位互換、生涯学習を二つの事業を中心に据えて発足し、その後、大学院間の単位互換、高大連携、地域貢献を事業の柱に加えた。

発足から今日までの八年を振り返ると、大学の経営破綻、短大の廃止、四年制の学部への移行などによって加盟校が減少した。財政的な理由、大学以外の高等教育機関の加盟と広島を中心とした交流圏へと組織を広げた。七つの大学と組織が新規に加盟し、発足時とほぼ同じ組織数を維持している。二〇〇五年四月から県立三大学は統合されたので、統合完成後は加盟校数がまた減る。

表Ⅲ-2-1の大学・短大数の減少と県立三大学の統合は、現在までとこれからの日本の大学の縮

表Ⅲ-２-１　退会・入会・統合（組織設立以降）

退会	入会	統合
福山市立女子短期大学	海上保安大学校	県立広島大学 （県立広島女子大学） （広島県立大学） （広島県立保健福祉大学）
ノートルダム清心女子短期大学	呉工業高等専門学校	
広島修道大学短期大学部	ノートルダム清心女子大学	
広島中央女子短期大学	島根県立大学	
広島文教女子大学短期大学部	岩国短期大学	
立志館大学	LEC東京リーガルマインド大学	
	広島私立中学・高等学校協会	

注）（　）内は統合前の大学名である。

表Ⅲ-２-２　参加者数

	2005年度	2002年度
単位互換	569名	213名　（延べ履修者数）
生涯学習	3863	1769　（延べ受講者数）
高大連携	922	310　（延べ受講者数）

注）単位互換は1999年度の統計。

図でもある。

こういった組織の変化とは別に、事業は全体としては順調に伸びている。二〇〇五年度の各事業の参加者数は表Ⅲ-２-２の通りである（二〇〇六年度の高大連携事業の延べ受講者数は一七七〇名）。ここでは、教育機関の連携に焦点を当てているので、高大連携を取り上げる。

高大連携事業は、高大連携公開授業（大学の正規の授業）と高大連携公開講座（高校生のための公開授業）の二つから成り立っている。受講者数が増加しているのは、高校生が自分の進学したい大学や進学したい学部に関連した講義を受講し、自分で大学を体験できるからである。

高大連携事業を始める前に、四県立高校長と話し合いをする機会を持った。私は一、二年次の教養科目を中心に提供するのがよいと考えていたが、これに対してもっと専門的な科目も出して欲しいという要望もあった。四年間実施してみると、当初の予想とは異なり、高校改革のために高大連携講義を利用している高校も出ている。一つの高校で一〇〇名を超えて高大連携事業に高校生を送り出している高校もある。

広島県立安西高校は高大連携事業に参加前（一年次、二〇〇四年度）と参加後（二年次、二〇〇五年度）にアンケートを取って、大学・短大への進路希望は一四％から二三％へと増え、進学意欲の向上に高大連携事業が役に立っていると確認している。

3　小中高大連携へ

教育ネットワーク中国では、二〇〇五年度から組織及び規程を変更した。すでに述べたように、中国地方への加盟校の拡大、広島県私立中学・高等学校協会の加盟、高校からの高大連携事業の参加費の徴収などである。

高大連携については高大連携委員会を設置した。広島県・広島市・私立高校の校長、広島県・広島市・呉市などの教育委員会、大学の三者から構成される委員会において高大連携事業を審議してもらっている。

もう一つ、高大連携連絡会をもう少し充実させ、高大連携研究交流会として開催し、高校と大学の高大連携事業の取り組みを報告してもらっている。

今年度、広島市立沼田高校からは小中高大連携について報告があった。沼田地区の小中高大学の美術作品展、中学校での高校説明会・出張授業、高校への体験入学、同じ安佐南区の二中学校と新聞を教材として学習するNIE活動、小学校へのスポーツ指導者の派遣、大学の高大連携講義への参加である。すべて広島市立ということで実施しやすい条件がそろっていることもあるが、これからの連携の一つのあり方を示している。

教育ネットワーク中国では、毎年、事業の成果を確認し、事業を改善していくために、高大連携事業について大学教員と高校生を対象にしてアンケートを実施している。この中にも、小学校区単位での小中高大連携事業について提案があった。

大学と教育機関の連携にはどのようなものがあるだろうか。

最初に大学間で行なった事業は単位互換である。つづいて大学は高大連携事業に取り組んだ。前者が大学間の横の連携であるのに、これから大学が作っていくのは高校から中学校、小学校へとつながる縦の関係である。

高校生は大学の講義を受けて、大学で何を学ぶか、どのように学ぶのか、学びの体験をすることができる。受講による大学への進路意欲の増加も確認されている。

AOや推薦入試などによって早く入学が決まり、個々の大学は高校生を対象にした入学準備学習を始めている。

高大連携事業と一年次教育を実施していて、一年生が高校から大学への移行に時間がかかるようになっていることを強く感じる。広島修道大学の入学準備学習を受講した高校生のアンケートには、大学の雰囲気がわかってよかったとか、友だちができてよかったという意見が多い。入学後の目標を書かせてみると、大学に慣れるというのが前期の大きな目標にあがっている。高大連携講義を受講して大学の授業を体験し、慣れておくのは今の高校生には必要である。どの段階の教育機関でも、このような移行期に伴う児童生徒の人間関係の変化に対応しなければならない。

授業方法などについては、むしろ大学は高校に学ぶことも多いはずだ。二〇〇六年度、ネットワーク中国では、大学が高校の授業を参観する計画である。大学で直面している学力や意欲の低下などの問題は、大学で急に起きているわけではない。高校、中学校、もっと遡って小学校においてすでに出ている。連携によってこれらの問題に共通して取り組むことができる。

広島市教育委員会は、教員志望の大学生を小中高校などへの派遣を仲介する事業を二〇〇六年度から計画している。派遣大学生は教科や部活動の指導や補助などをする。

京都市教育委員会では「学生ボランティア」学校サポート事業を三七大学短期大学と実施している（http://www.edu.city.kyoto.jp/kyoikukeikaku/ を参照）。

学術・文化・産業ネットワーク多摩は、「学校教育ボランティア」制度を二〇〇二年度から始めている。この制度は「学校に対する社会の多様な要求に応える手助けをする事、さらに児童・生徒にとって身近な相談相手や将来の目標となる事を通じて、多摩地域における青少年の健全な育成を目的とした社会的な活動に学生を主体的に参加させる新たな教育連携の仕組みを構築しようとする試み」である。具体的には大学生が小中学校の授業補助、学習の個別指導、課外活動指導、学校行事補助などを行なっている（http://www.nw-tama.jp/contents/student_b.html を参照）。

教育ネットワーク中国では、二〇〇六年度、加盟組織がどのような事業を小学校、中学校に対してしているのか、調査をし、大学と地域社会にある小中高校との連携の実態を明らかにする予定である。個々の大学短大などが実施しているこれらの事業は大きくないだろうが、教育ネットワーク中国としては一つのまとまりとして把握することによって、大学と小中高の新しいつながりを提示できるのではないかと考えている。このまとまりは高大連携事業、授業参観・授業方法の改善、いくつかの地域貢献事業などから成る共通事業と、各加盟組織が実施している個別事業になるだろう。

ここ数年度々起きている未成年者の殺害事件を見ていると、改めて地域社会の再構築の必要性を感じる。地域社会におけるつながりを各分野でつくっていくことである。教育機関である大学は小中高校との連携を通じて、地域社会の網の目の一つを創ることに貢献できるのではないのだろうか。

3　大学はなぜ地域で連携するのか

「全国大学コンソーシアム協議会」が「大学コンソーシアム京都」のよびかけによって、二〇〇四年一一月に創設された。

「大学コンソーシアム京都」に加え、「学術・文化・産業ネットワーク多摩」「いしかわ大学連携促進協議会」「国際ネットワーク大学コンソーシアム」「愛知学長懇話会」「大学コンソーシアム大阪」「広島県高等教育機関協議会」の六団体が呼びかけ組織となった。京都がちょうど創立一〇周年を迎えたということもあるが、背景には各地に大学連携組織が生まれ、全国的な連携組織結成の機運が高まっていた。

ここでは全国大学コンソーシアム協議会に加盟した組織を対象にして、地域社会と大学の連携の意義について考えてみたい。

1　新しい大学連携組織の特徴

わが国には日本私立大学協会（一九四六年）、日本私立大学連盟（一九五一年、社団法人）、日本私立短期大学協会（一九五〇年）、国立大学協会（一九五〇年、社団法人）、公立大学協会（一九四九年）

などの大学連携組織がすでにある。これらの組織は一九五一年までの早い時期に設置されている。

次に、設置も形態ごとの組織である。つまり私立か国立（国立大学法人）か、公立（県立・市立）か私立か、大学か短期大学かによる。

設置の目的はそれぞれ異なるが、設置された組織の振興を目的としている。私立ならば私立大学の利益を増進するために設置されている。具体的に言えば、法律の制定、助成金の増額のための陳情などを国に対して行っている。

これに対して、新しくできた全国大学コンソーシアム協議会に加盟した全国各地の組織にはどのような特徴があるのだろうか。コンソーシアム京都は、全国組織を立ち上げるに先立ち、各地の連携組織について調査をした。この調査によれば、全国には連携組織が四四あると言う。『連携でこそ実現可能な新たな学びの探求』（二〇〇五年三月発行）には全国大学コンソーシアム協議会に加盟した三一組織のプロフィールが載せられているので、これに限定して組織の特徴を分析してみよう。

三一の組織に加盟している大学短大高専などの数は、総計すると六六三にのぼる。

まず、新しい組織が設立され始めたのは一九九〇年代以降であり、とくに二〇〇一年以降二〇〇五年までに二〇の組織が集中的に設立されている。

次に、設置形態も私立、国立、公立大学など様々である。従来型組織では、私立か国立かなどの設置形態による連携組織がほとんどである中、このような設置形態の異なる組織が集まるのは意義がある。

三つ目に、それだけではなく、地方自治体、企業などの大学組織以外の組織も加盟している。

四つ目に、既存の組織では取り組んでいない課題に取り組んでいる。問題が多様化し、在来型組織には取り組む余裕がないのかもしれない。

そして、第五に、これがもっとも大きい特徴であるが、地域を軸としている。市とか県、県境を越えている組織もあるが、県や市などの地域が基礎になっている。これらの点について、もう少し詳しく見てみよう。

2　大学連携組織と地域社会

新しい大学連携組織のキーワードは地域である。

大学連携組織があるのは全国二四都道府県に及んでいる。五都府県には複数の連携組織がある。

四組織が県境をまたいでいる。広島、岡山、山口、島根の四県にまたがっているのは「教育ネットワーク中国」である。

通常、大学だけの会員から構成されている。このタイプの組織がもっとも多い。

つづいて地方公共団体を会員としている組織である。会員にしていないまでも、事務局を地方公共団体に置いている場合には、県や市の関与が大きいと推測される。

複合型ともいうべき会員構成は「大学コンソーシアム京都」と「学術・文化・産業ネットワーク多摩」などである。京都は大学、短大、地方公共団体、経済団体が構成員になっている。多摩は大学、短大、行政、企業・機関である。京都のような地域では経済三団体、多摩では一般企業が加入している。

「大学コンソーシアムおおいた」は留学生の支援を中心とした事業を展開している。県、市、経済団体、設置の趣旨にあった国際交流関係、日本学生支援機構なども加盟している。

「教育ネットワーク中国」は、教育関係の団体・組織、広島県私立中学高等学校校長協会や地方公共団体の教育委員会などがメンバーである。

それぞれの組織の目的や地域の特性に応じて、地域の組織をつくっている。

連携組織は誰が事務をひきうけるのか、という大きな問題を抱えている。

大学に事務局を置いている組織がもっとも多く、一一組織ある。内訳は国立大学法人八、私立三である。

地方に行けば大学数も少なく国立大学の規模が飛びぬけて大きいので、国立大学に事務局を置くというのは当然だろう。

つづいて地方公共団体一〇（県に五、市に五）、残り六組織が独自に事務局を設置している。

ここで特徴的なのが、県または市に事務局を置いている組織が一〇あることである。大学連携組織が地方公共団体と連携しているか、逆に地方公共団体が主導して連携組織を設置している。後者の場合、地域を活性化させたいという意図が見られる。しかし、地方公共団体に基礎を置く場合、よいことばかりではない。地方公共団体が財政難になり、連携組織への消極的な姿勢が見られる地域がある。また知事の交代などによって、連携組織との関係が見直しをされている地域もある。

とはいえ、このように各地で連携組織が設置されているのは、今日の地域社会において大学と地方公共団体、企業などが相互に必要としているからである。

大学は地域社会の重要な構成要素である。そこに立地しているからこそ、連携できる。そして同じ地域にあるからこそ深く交流できる。

3　連携の意義―互酬性

連携するのは互酬性（相互に利益）があるからだ。

大学が連携する相手としてはまず大学である。代表的な連携事業は単位互換である。自大学にない科目を受講することができるのは単科大学、理工系大学、人文社会科学系大学には相互に利益がある。卒業に必要な単位を取るために、学生が他大学へ出て行く場合もある。

大学はまちづくりの知恵と学生の力を期待されている。地方では商店街がさびれているところが多い。商店街は大学に商店街の活性化策を期待している。大学は学生に社会や商売を学ばせる場を求めている。

企業や地方公共団体は大学から人材の供給を受けている。大学はこれらの組織に経済的、人的な支援を期待している。

最近では、教育機関同士の連携も盛んになりつつある。高大連携がその典型である。大学も高校も少子化という共通の悩みを持っている。大学は志願者を増やしたい、入学者を確保したい。これに対して、高校は高校生を大学へ進学させたい、少しでも社会的な評価の高い大学へ進学させたい。

さらに大学と中学校、大学と小学校・保育園・幼稚園の連携もある。京都市や広島市教育委員会は、大学に対して小学校や中学校への学生派遣を要請している。大学連携組織が学生を小中学校に派遣している例としては、学術・文化・産業ネットワーク多摩の小中学校教育ボランティアがある。

大学が地域との連携を積極的にしているのは、少子化を原因とする入学者や志願者の減少がもっとも大きい。

大学評価の基準の一つに、地方に立地する大学はほとんど地域社会への貢献をあげていることもある。大学が地域社会への貢献を謳っていても、従来、実施している事業としては何があっただろうか。一〇年くらい前までは公開講座や施設設備の貸与くらいではなかったのではないか。

4　連携の意義―協力

教育ネットワーク中国は、「中国地方の高等教育機関及び本会の趣旨に賛同する組織が連携し、協力し、共に助け合い、教育を通じて本地域の発展に貢献することを目的」としている。

教育ネットワーク中国は一九九七年発足当初、単位互換と生涯学習を二本の柱にしていた。二〇〇二年度から、これに高大連携事業が加わった。二〇〇五年度から高校、大学、教育委員会などから成る高大連携委員会を設置し、連携は深まっている。二〇〇二年度は正規の授業と高校生のための授業の受講者数を合わせて三一〇名であったが、二〇〇六年度には一七四〇名になった。受講者数は五年間で五倍になっている。

二〇〇五年度は広島県三原尾道地区では高大連携公開講座、二〇〇六年度は備北地区では中高大連携公開講座を開いた。その地区の高校と協議し、実施地区の教員に当日手伝ってもらいながら、公開講座を提供している。備北地区では県立三次高校で開き、中学生も参加した。大学の講義を聞く機会の少ない地域に講座を提供するというのは、その地域にとっても大学にとっても意義がある。将来の大学進学や進路選択を考える機会を、中高校生やその保護者に提供できるし、地域の実情を知ることができる。

一〇月からは大学教員の授業力の向上と高校教育の現場を知るために、広島市立高校の授業参観も予定している。高校の教育方法を知ることは、大学の教育方法を考える上で欠かせない。

地方に立地する大学は、本来持っている教育機能を通じて近隣の高校や中学校の教育に貢献できる。大学間の横の連携から高校、中学校との縦の連携へと進んでいる。連携のテーマも講座の提供、協力して講座の実施、教育方法の研修などへと深まっている。

大学間では競争があるのも事実である。新しいプログラムを教育ネットワークで始めるとき、自分の大学にプラスになるのかどうかを基準に判断する大学がある。委員をお願いしても引き受けてもらえない大学もある。利益のみを得て、労力を負担しない、いわゆるフリーライダーである。たしかに高大連携では、難易度が高い大学への受講希望者が多い。しかし、小さな大学であっても科目名や講義内容を工夫して受講者を集めている。

大学にとっては協力によって得る利益も大きい。それだけではなく、大学・高校・中学が協力する意義も大きい。競争とは異なった原理を提示できることも、地域社会においては意味がある。

あとがき

学長の任期が終わり、それまでに書いたり、取材された文章を集めて一冊の本にしたいと思い、いくつかの出版社にあたった。打診をしていると、種々雑多な文章もあり、講演録や文体も口語体であったり、読む人には親切でないと考え、体系的にしようとして書き足している内にいつの間にか四年が経過してしまった。

「その時々の思いをまとめておくように」と、大学院生の頃であったか、内山秀夫先生に言われたことを思い出しながら、このあとがきを書いている。

一九九六年四月から二〇〇二年三月まで学長であった。ここから通算すると、およそ、この一〇年の間に書いた文章ということになる。二〇〇六年は、広島修道大学に赴任してちょうど三〇年目にあたる。最後の一四年は学部長二年、一教員二年、学長六年、そして一教員に戻り四年と、教育研究と行政を行ったり来たりの生活であった。『「世襲」代議士の研究』を出版し、研究者としてこれからというときに学部長になり、もっとも体力気力があり、研究できる四九歳から五四歳まで学長をつとめた。果たしてこのような人生が私個人にとってよかったのかどうか、わからない。

昨年、学長選挙があり、一次選挙で三名の候補者に選ばれたが辞退した（一次で選ばれたからといって学長に選ばれるわけではない、念のため）。真摯に修大のこと考え、投票してくださった教職員のみなさんの顔を思い浮かべると、辞退するのも気が重かった。六年間のブランクは研究の上で取り戻すことは不可能だろうが、せめてもう一冊は自分の本来の分野において研究をまとめたいと言って、自分の都合を優先させていただいた。

仕事の指示を深夜にメールで出しておくことが時々あったが、その出した時間を見て、「がんばらなければと話をした」と職員から聞いたことがある。

「市川先生が学長の時には仕事が多かったが、でもやはり仕事は多い方が」という声も聞く。

学長就任後すぐに、前任者の時代に解雇された教員が逮捕される事件があったり、役職者の間で円滑に行かなかったことがあった。この時期、学長室の職員は、遅くまで仕事をしていた学長を支えなければと残ってくれていた。学長の時に多くの改革ができたとすれば、このような気持ちを持った多くの教職員の支えがあったからである。大学内には感謝すべき人が多すぎて一人一人、名前をあげることができなくてごめんなさい。

伊藤忠商事の社長をした丹羽宇一郎は「社長を辞めたらタダの小父さん」と『人は仕事で磨かれる』（文藝春秋、二〇〇五年）で書いているが、学長を辞めたらタダの一教員である。

学長が終わって四年間、本文にも書いたが、ずいぶん教育現場に帰るのに時間がかかった。一教員に戻ってみると、自分のした改革もひょっとしたら、現場の仕事が見えていなかったのかもしれないと思うこともある。

学長の時、ある職員から現場を知らないと言われたが、私はそんなことはないと反論したことを覚えている。現場重視と多くの経営者が言っている。

日産の社長であったカルロス・ゴーンは「現場に出かけていって、直接話をすることはとっても重要です。そうすれば、社員たちが自分たちの置かれた状況をどう捉えているのかわかりますし、またそれを通して状況そのものもはっきり見えてくるからです」（カルロス・ゴーン、フィリップ・リエス（高野優訳）『カルロス・ゴーン　経営を語る』日本経済新聞社、二〇〇三年）と述べている。

ダイエーの会長の林文子は、上司こそがホウレンソウ（報告連絡相談）すべきと書いている。「ホウレンソウは部下がすべきもの、自分は仕事のマネジメントをするだけ、などと言っているから、組織は沈滞し、部下の覇気も元気もやる気もなくなって、結果、モノが売れなくなってしまう」（林文子『失礼ながら、その売り方ではモノは売れません』亜紀書房、二〇〇五年）。

現場を踏まえない改革は実際に仕事をする現場のやる気をなくさせるだけである。

学長をどのようにリクルートするか、わが国の大学ではむつかしい。オーナー経営者を別にすれば、誰も学長になろうと思って、大学教員になった者はいないはずだ。

もし私が学長として評価される仕事を残すことができたという前提で、学長に必要な要件を考えてみると、次のようになる。まず、大学の業務を周知しているということである。私は学部長になる前にほとんどの委員会を経験している。教務、学生、図書、研究所、国際交流、就職、入試、予算建設、大学評議会……。大学院博士課程を終えて一年後、ちょうど法学部が設置された時に赴任した。学部が設置された時に赴任したので、いくつも委員をせざるをえなかったこともある。広く浅くではあるが、職員以上に大学全体の業務を知っていたと思う。

もう一つ、経営者の家に育ったということもあるかもしれない。

後者の要因は個人が選ぶことはできないからさておき、前者のような委員を満遍なく経験するような仕組みは、大学をマネジメントしていく人材をリクルートしていく上では必要だろう。教員の管理職を意図的に育成していくことも考えなければならない。

さらに、学部長の時、日本私立大学連盟の大学問題研修会（第二回、一九九二年）に参加し、その後、運営委員、そして委員長をさせていただいた。運営委員会では中央大学総合政策学部開設準備室長の高橋義輝さん、慶応義塾大学湘南藤沢キャンパス事務長の孫福弘さん、職員総合研修運営委員会委員長の早稲田大学財務部長の村上義紀さんなどをはじめ、他大学の多くの教職員と知り合い、情報交換以上に人間的な交流をさせてもらった（肩書きは当時）。

それからいくつも委員をさせていただいたが、当時の私大連のよさは、所属大学を意識することなく、「大学」という共通項で議論できたことである。私にとって私大連を通じて得たものは大きかった。こうした自大学以外の教職員との交流やネットワークも、学長になる前の大切な経験である。

振り返ってみれば、学内外の多くの皆さんから教えていただき、今日に至っている。

日本経済新聞社編集委員の横山晋一郎さんと話をしていると大学や自分の都合を優先して考えていることを厳しく指摘されることがある。横山さんは大学のあり方をつねに根本から考えられている貴重な存在であり、教えられることが多い。

本書の話をして東信堂を紹介していただいたのは、東京大学名誉教授天野郁夫先生である。先生には学長の時に『カレッジマネジメント』（一九九九年五月号）でインタビューをしていただいた。

その折、事前に私の書いた文章とか、『広島修道大学広報』などを送るように言われ、それを読まれて取材されていた。天野先生が日本の大学の現状や高等教育政策について書かれた文章から学ぶことは多い。

最近、大学連携組織である教育ネットワーク中国の運営が、私の仕事の二、三割を占めている。発足当初から関わっているのは、広島経済大学石田恒夫理事長・学長と私だけになってしまった。発足に賛成していただき、先生にはいつも相談にのっていただいている。広島工業大学元学長川崎尚先生にもこの組織の結成に賛成していただいた。学長の任期が終わるまでは広島修道大学人文学部森川泉教授に総合委員会委員長をしていただいた。これらの先生がおられなかったら、現在の教育ネットワーク中国の存在もない。

二〇〇五年度からは運営委員会という仕組みを作り、委員会を毎月開催している。メンバーである広島経済大学岡本貞雄教授、エリザベト音楽大学川野祐二教授・学長補佐、広島工業大学福田由美子准教授、広島大学柳瀬陽介准教授、仲井正美事務局長、二〇〇六年度からは比治山大学高橋超学長、県立広島大学藤井保教授、広島文教女子大学穂垣由恵入試広報課長、上原浩二事務局長にも加わっていただいている。平松立美広島修道大学事務局長には、共同事務開発委員会委員長をつとめていただいている。それぞれ、お忙しいにもかかわらず時間を割いていただいている。ネットワークに関わった教職員から一人でも多く、共通の利益のために働く人が出て欲しい。

てきぱきと働いていただいているネットワークの職員引地葉子、森重雅文さんのお二人にも感謝したい。

『私学経営』の的場理江さんにもお礼を申し上げておきたい。本書の二分の一くらいは、『私学経営』に寄稿させていただいた文章である。この機会がなかったら、本書はなかった。的場さんとはメールを通じてしか話をしないのだが、彼女のメールにはいつも心暖まる思いがする。

本書の発行に際しては、東信堂社長の下田勝司さんに出版をご快諾していただき、感謝申し上げたい。何度かお会いし、書名や構成を相談させてもらった。原稿をお渡ししたのは一年以上前になる。本書の基本的な構成と内容はその当時のものであることをお断りしておく。

最後になったが、妻のとも子にも感謝したい。私が今日まで学長の任期の六年間も含め大学教員をつとめていることができているのも彼女の快活さのおかげである。

とも子に本書を捧げたい。

初出一覧・関連した小論

目次にあるように、一つ一つ断らないが、原題と変更した箇所がある。

I　学習支援

1　「全入時代における高大接続」『二〇〇四年度　第一〇回FDフォーラム報告集―評価される大学教育』大学コンソーシアム京都、二〇〇五年一二月

2　「一年次教育―学習計画と教育・学生支援プログラム」『私学経営』二〇〇五年八月

3　「大学にも自己啓発のプログラムを」『私学経営』二〇〇三年八月

4　「参加型授業を通じて基本的な能力を養う」『私学経営』二〇〇三年一一月

5　「キャリア教育入門」『私学経営』二〇〇四年一二月

関連した小論

＊「ホームページを使ったグループ型演習」『修道法学』二八巻一号、二〇〇五年九月

＊「大学教育の活性化」『大学時報』（日本私立大学連盟）一九九三年一一月

II　大学マネジメント

1　「学習を支援する大学」の原題は「教育と学習に重点を置いた大学づくり」『大学と学生』（文部科学省高等教育局学生課）二〇〇二年三月

2　「大学マネジメントの基本と手法」の原題は「私大の経営課題―学部の独自性より共通化を重視」『IDE―現代の高等教育』二〇〇一年一〇―一一月号

3　「ボーダー大学の入試政策と入学定員」『私学経営』二〇〇四年六月

4　「三〇年後を展望した大学改革」『私学経営』二〇〇六年一月

5 「コミュニケーション」『広島修道大学広報』一九九六年四月〜二〇〇一年九月、『広島修道大学e—広報』二〇〇一年一〇月〜三月
6 「図書館建設と将来のキャンパス」『NIKKEN SEKKEI Quarterly』2004/Autumn

関連した小論

＊「現代社会における大学の使命と役割」（私学研修福祉会『職員総合研修・基礎課程Ⅰ・報告書』）一九九四年六月
＊「私学経営の活性化と効率化」『私学経営』一九九八年一〇月
＊「少子化・規制改革時代における大学の経営と教育」『大学行政管理学会誌』第七号、二〇〇三年
＊「高等教育の規制改革—その現状と課題」『修道法学』二六巻一号、二〇〇三年五月
＊「変革期の学長・リストラ時代の改革は資源の再配分しかない」（天野郁夫氏との対談）『カレッジマネジメント』一九九九年五月（『学長—大学改革への挑戦』天野郁夫編、玉川大学出版部、二〇〇〇年に再録）
＊「マイオピニオン・学生の県外流出を防ぐために」『Between』2000.4

Ⅲ **教育機関連携**

1 「多様な教育機関による連携」『IDE-現代の高等教育』二〇〇三年一二月
2 「高大連携から小中高大連携へ」『IDE-現代の高等教育』二〇〇六年四月
3 「大学はなぜ地域で連携するのか」『中央評論』（中央大学）二〇〇六年一一月

関連した小論

＊「私立大学と地域社会のネットワーク」『大学時報』二〇〇二年五月
＊「新しい段階を迎えた地域の教育ネットワーク」『私学経営』二〇〇二年一二月

著者紹介

市川　太一（いちかわ　たいち）

1948年生まれ

現在、広島修道大学法学部教授

1970年慶應義塾大学法学部政治学科卒業、同大学法学研究科博士課程政治学専攻単位取得、博士（法学）。76年４月広島修道大学法学部専任講師、助教授、教授、ジョージタウン大学客員研究員、広島修道大学法学部長を経て、96年４月から2002年３月まで広島修道大学学長・短期大学部学長。

日本私立大学連盟理事、同大学問題研修会委員長、同経営対策委員会委員長、広島テレビ番組審議会委員長、西京銀行監査役などを歴任。

現在、教育ネットワーク中国代表幹事、全国大学コンソーシアム協議会幹事、日本政治学会理事、読者と報道委員会委員（中国新聞）などをつとめる。

〈著書〉

『「世襲」代議士の研究』（日本経済新聞社）1990年など

〈共著〉

『戦後日本政治のあゆみ』（法律文化社）1990年

『国際環境の変動と日本』（広島修道大学総合研究所）1996年

『現場としての政治学』（日本経済評論社）2007年など

30年後を展望する中規模大学—マネジメント・学習支援・連携—

2007年６月30日　　初版第１刷発行　　〔検印省略〕

＊定価はカバーに表示してあります

著者 ©市川太一／発行者 下田勝司　　印刷/製本　中央精版印刷

東京都文京区向丘１-20-６　郵便振替00110-6-37828　発行所

〒113-0023　TEL(03)3818-5521　FAX(03)3818-5514　株式会社 東信堂

Published by **TOSHINDO PUBLISHING CO.,LTD.**

1-20-6, Mukougaoka, Bunkyo-ku, Tokyo, 113-0023, Japan

E-mail：tk203444@fsinet.or.jp　http://www.toshindo-pub.com

ISBN978-4-88713-757-8 C3037

© **T. ICHIKAWA, 2007**

東信堂

- 大学再生への具体像　潮木守一　二五〇〇円
- 大学のイノベーション―経営学と企業改革から学んだこと　坂本和一　二六〇〇円
- 30年後を展望する中規模大学―マネジメント・学習支援・連携　市川太一　二四〇〇円
- 大学行政論Ⅰ　川本八郎・近森節子 編　二三〇〇円
- 大学行政論Ⅱ　川本八郎・伊藤昇 編　二三〇〇円
- もうひとつの教養教育―職員による教育プログラムの開発　近森節子編著　二三〇〇円
- 大学の管理運営改革―日本の行方と諸外国の動向　江原武一・杉本均 編著　三六〇〇円
- 新時代を切り拓く大学評価―日本とイギリス　秦由美子編著　三六〇〇円
- 私立大学の経営と教育　丸山文裕　三六〇〇円
- 校長の資格・養成と大学院の役割　小島弘道編著　六八〇〇円
- 原点に立ち返っての大学改革　舘　昭　一〇〇〇円
- 短大からコミュニティ・カレッジへ―飛躍する世界の短期高等教育と日本の課題　舘昭編著　二五〇〇円
- 現代アメリカのコミュニティ・カレッジ―その実像と変革の軌跡　宇佐見忠雄　二三八一円
- 日本のティーチング・アシスタント制度―大学教育の改善と人的資源の活用　北野秋男編著　二八〇〇円
- アメリカ連邦政府による大学生経済支援政策　犬塚典子　三八〇〇円
- 大学財政―世界の経験と中国の選択　呂煒著　成瀬龍夫監訳　三四〇〇円

- アジア・太平洋高等教育の未来像　静岡県総合研究機構　馬越徹監修　二五〇〇円
- 戦後オーストラリアの高等教育改革研究　杉本和弘　五八〇〇円
- 大学教育とジェンダー―ジェンダーはアメリカの大学をどう変革したか　ホーン川嶋瑤子　三六〇〇円
- アメリカの女性大学：危機の構造　坂本辰朗　二四〇〇円

〔講座「21世紀の大学・高等教育を考える」〕

- 大学改革の現在〔第1巻〕　有本章・山本眞一 編著　三二〇〇円
- 大学評価の展開〔第2巻〕　山野井敦徳・清水一彦 編著　三二〇〇円
- 学士課程教育の改革〔第3巻〕　絹川正吉・舘昭 編著　三二〇〇円
- 大学院の改革〔第4巻〕　江原武一・馬越徹 編著　三二〇〇円

〒113-0023　東京都文京区向丘 1-20-6　TEL 03-3818-5521　FAX03-3818-5514　振替 00110-6-37828
Email tk203444@fsinet.or.jp　URL:http://www.toshindo-pub.com/

※定価：表示価格（本体）＋税

東信堂

大学の自己変革とオートノミー—点検から創造へ　寺﨑昌男　二五〇〇円

大学教育の創造—歴史・システム・カリキュラム　寺﨑昌男　二五〇〇円

大学教育の可能性—教養教育・評価・実践　寺﨑昌男　二五〇〇円

大学は歴史の思想で変わる—FD・評価・私学　寺﨑昌男　二八〇〇円

大学の授業　宇佐美寛　二五〇〇円

大学授業の病理—FD批判　宇佐美寛　二五〇〇円

授業研究の病理　宇佐美寛　二五〇〇円

大学授業入門　宇佐美寛　一六〇〇円

作文の論理—〈わかる文章〉の仕組み　宇佐美寛編著　一九〇〇円

大学教育の思想—学士課程教育のデザイン　絹川正吉　二八〇〇円

あたらしい教養教育をめざして—大学教育学会25年の歩み：未来への提言　大学教育学会25年史編纂委員会編　二九〇〇円

現代大学教育論—学生・授業・実施組織　山内乾史　二八〇〇円

大学の指導法—学生の自己発見のために　児玉・別府・川島編　二八〇〇円

大学授業研究の構想—過去から未来へ　京都大学高等教育教授システム開発センター編　二四〇〇円

一年次（導入）教育の日米比較　山田礼子　二八〇〇円

学生の学びを支援する大学教育　溝上慎一編　二四〇〇円

模索されるeラーニング—事例と調査データにみる大学の未来　吉田文・田口真奈編著　三六〇〇円

大学教授職とFD—アメリカと日本　有本章　三二〇〇円

大学教授の職業倫理　別府昭郎　二三八一円

（シリーズ大学改革ドキュメント・監修寺﨑昌男・絹川正吉）

立教大学〈全カリ〉のすべて—リベラル・アーツの再構築　全カリの記録編集委員会編　二二〇〇円

ICU〈リベラル・アーツ〉のすべて　絹川正吉編著　二三八一円

〒113-0023　東京都文京区向丘1-20-6　TEL 03-3818-5521　FAX03-3818-5514　振替 00110-6-37828
Email tk203444@fsinet.or.jp　URL:http://www.toshindo-pub.com/

※定価：表示価格（本体）＋税

東信堂

比較教育学―越境のレッスン	馬越徹	三六〇〇円
比較・国際教育学（補正版）	石附実編	三五〇〇円
教育における比較と旅	石附実	二〇〇〇円
比較教育学の理論と方法	J・シュリーバー編著 馬越徹・今井重孝監訳	二八〇〇円
比較教育学―伝統・挑戦・新しいパラダイムを求めて	M・ブレイ編著 馬越徹・大塚豊監訳	三八〇〇円
世界の外国人学校	福田誠治 末藤美津子編著	三八〇〇円
世界の外国語教育政策：日本の外国語教育の再構築にむけて	大谷泰照 林桂子他編著	六五七一円
近代日本の英語科教育史―職業諸学校による英語教育の大衆化過程	江利川春雄	三八〇〇円
日本の教育経験―途上国の教育開発を考える	国際協力機構編著	二八〇〇円
アメリカの才能教育―多様なニーズに応える特別支援	松村暢隆	二五〇〇円
アメリカのバイリンガル教育―新しい社会の構築をめざして	末藤美津子	三二〇〇円
多様社会カナダの「国語」教育（カナダの教育3）	関口礼子 浪田克之介編著	三八〇〇円
ドイツの教育のすべて	マックス・プランク教育研究所研究者グループ編 天野・木戸・長島監訳	一〇〇〇〇円
市民性教育の研究―日本とタイの比較	平田利文編著	四二〇〇円
マレーシアにおける国際教育関係―教育へのグローバル・インパクト	杉本均	五七〇〇円
中国大学入試研究―変貌する国家の人材選抜	大塚豊	三六〇〇円
大学財政―世界の経験と中国の選択	成瀬龍夫監訳 呂煒著	三四〇〇円
中国の民営高等教育機関―社会ニーズとの対応	鮑威	四六〇〇円
「改革・開放」下中国教育の動態―江蘇省の場合を中心に	阿部洋編著	五四〇〇円
中国の職業教育拡大政策―背景・実現過程・帰結	劉文君	五〇四八円
中国の後期中等教育の拡大と経済発展パターン―江蘇省と広東省の比較	呉琦来	三八二七円
陶行知の芸術教育論―生活教育と芸術との結合	李燕	三六〇〇円
東南アジア諸国の国民統合と教育―多民族社会における葛藤	村田翼夫編著	四四〇〇円
オーストラリア・ニュージーランドの教育	石附実 笹森健編著	二八〇〇円

〒113-0023 東京都文京区向丘 1-20-6　TEL 03-3818-5521　FAX03-3818-5514　振替 00110-6-37828
Email tk203444@fsinet.or.jp　URL:http://www.toshindo-pub.com/

※定価：表示価格（本体）＋税